ESTHER HERR

SELBST VERSORGUNG

AUF KLEINSTEM RAUM

 8

 16

 28

 38

 44

 54

 64

 74

 80

 88

 98

 106

Inhalt

4 Interaktiv gärtnern

6 Was soll ich am besten anbauen?

8 Schnippschnapp

16 Tomatenlust

26 Total „in": Wir gärtnern in der Stadt!

28 Kopf hoch!

36 Ach, so geht das: Aussäen

38 Olle Knolle

44 Feeling good!

52 Ach, so geht das: Einpflanzen

54 Vitaminbomben – Beeren & Co.

62 Total „in": Gemeinsam statt einsam gärtnern!

64 Nasenkitzler

72 Ach, so geht das: Gießen & Düngen

74 Senkrechtstarter

80 Scharfmacher

86 Ach, so geht das: Pflegen

88 Unterirdisch

96 Total „in": Ich steh total auf Upcycling!

98 Zwiebeln & Co. – Schick in Schale

106 Teatime

112 Ach, so geht das: Platz sparen

Interaktiv gärtnern

Dieses Gartenbuch will Sie inspirieren! Hier finden Sie viele originelle Ideen und praktische Tipps, Rezepte, Porträts und Bastelanleitungen, die dazu einladen, einfach loszulegen und etwas auszuprobieren. Noch mehr tolle Tipps auf Lager hat die GU Garten & Natur Plus-App. Die entsprechenden Stellen im Buch sind mit Icons gekennzeichnet.

 Ob es darum geht, eine dekorative Kohlrabi-Rose zu schnitzen oder eine stärkende Brühe für Pflanzen anzusetzen: Anschauliche Bildfolgen erklären Ihnen genau, wie's geht. Essbare Blüten oder lila Möhren? Die App stellt Ihnen weitere Sorten vor.

 Schneckenplage im Beet? Die App verrät Ihnen, was wirklich dagegen hilft. Oder wie Sie knusprige Kartoffelchips und entspannende Badeöle ganz leicht selber machen können.

So geht's: Sie brauchen ein Smartphone und eine Internetverbindung. Kostenlose App im Apple App Store oder im Google Play Store laden. App starten und Pflanzenratgeber aussuchen. Gekennzeichnete Bilder mit der Kamera Ihres Smartphones scannen – und einfach überraschen lassen!

Was soll ich am besten anbauen?

Tja, das ist die entscheidende Frage! **Viel Platz** hat man meist nicht, **die Zeit** ist auch knapp – und dann sind da noch die **geschmacklichen Vorlieben.** Da kommt **unser kleiner Test** doch wie gerufen. Viel Spaß!

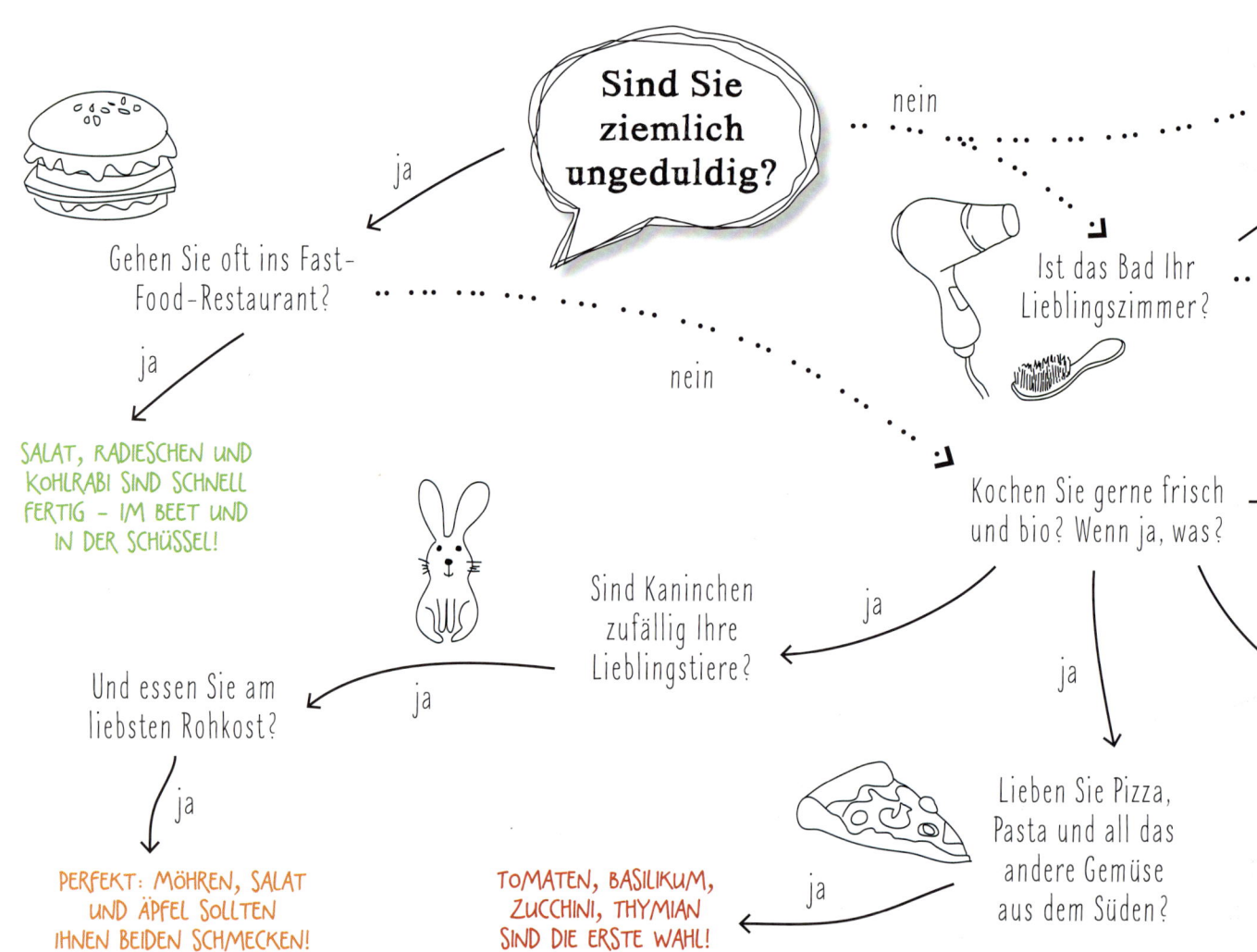

Sind Sie ziemlich ungeduldig?

ja

nein

Gehen Sie oft ins Fast-Food-Restaurant?

Ist das Bad Ihr Lieblingszimmer?

ja

nein

SALAT, RADIESCHEN UND KOHLRABI SIND SCHNELL FERTIG – IM BEET UND IN DER SCHÜSSEL!

Kochen Sie gerne frisch und bio? Wenn ja, was?

Sind Kaninchen zufällig Ihre Lieblingstiere?

ja

ja

Und essen Sie am liebsten Rohkost?

ja

ja

Lieben Sie Pizza, Pasta und all das andere Gemüse aus dem Süden?

PERFEKT: MÖHREN, SALAT UND ÄPFEL SOLLTEN IHNEN BEIDEN SCHMECKEN!

TOMATEN, BASILIKUM, ZUCCHINI, THYMIAN SIND DIE ERSTE WAHL!

ja

Sind Sie den Sommer über fast nur im Urlaub?

nein · · · ➚ GRATULIERE: SIE KÖNNEN EIGENTLICH ALLES ANBAUEN!

ja ➘ NA, DANN - BESSER WAS ANBAUEN, WAS ERST IM HERBST/WINTER FERTIG IST WIE KOHL, RADICCHIO, PORREE.

ja ➚ SIE BRAUCHEN WELLNESS-KRÄUTER WIE LAVENDEL UND MELISSE.

nein · · · ➚ Waren Sie gut in der Schule?

Haben Sie viele Freunde?

ja ➚ Laden Sie gerne zu Kaffee und Kuchen ein?

ja ➚ DANN HER MIT DEM BEERENOBST!

nein · · · ↘ Ach so, Sie trinken lieber Tee?

nein · · · ↘ ZWIEBELN, KNOBLAUCH, KOHL UND BOHNEN SIND TABU!

ja ↓ MINZE, SALBEI UND FRUCHTIGES WIE APFEL UND BIRNE SIND IDEAL!

ja ➚ Haben Sie viele Freunde?

ja ➘ Sind Sie ehrgeizig?

ja ➚ Stehen Sie auf deftige Snacks wie Pommes?

nein · · · ↓ SIE SOLLTEN UNBEDINGT KARTOFFELN ANBAUEN!

ja ↘ SIE SOLLTEN UNBEDINGT KARTOFFELN ANBAUEN!

ja ➚ Mögen Sie's scharf und würzig?

ja ↓ DANN HOLEN SIE SICH EIN PAAR SCHARFMACHER INS BEET WIE CHILI & ZWIEBELN.

Sind Sie vergesslich?

ja ↘ SCHNELL EIN BISSCHEN BRAINFOOD ANBAUEN - SO LANGE SIE ES NOCH WISSEN.

ja ➘ DANN STREBEN SIE AUCH BEI DEN PFLANZEN NACH OBEN - MIT ERBSEN, STANGENBOHNEN UND GURKEN ETWA.

Schnipp Schnapp

Einfacher geht's nicht: Aussäen, ein paar Wochen warten, abschneiden und schon hat man den Salat! Wovon wir reden? Na, von allen Blättern, die man roh genießen kann und die man im Supermarkt als „Baby Leaves" oder „Schnittsalate" findet. In diese Kategorie fallen noch einige echte Überraschungen – welche das sind, verraten wir auf der nächsten Seite.

Schnitt- und Pflücksalate erntet man ganz bequem bei Bedarf und in der jeweils benötigten Menge. Bei Pflücksalaten, wie 'Eichblatt' oder 'Lollo Rosso', knipst man zum Ernten immer die äußeren Blätter ab, in der Mitte wachsen dann neue nach. Bei Schnittsalat kann man ebenso einzelne große Blätter abschneiden oder gleich komplette Reihenabschnitte, ohne das Herz zu verletzen. Statt Resten im Kühlschrank gibt es immer frischen Nachschub. Noch ein Plus: Die knackigen Pflänzchen sind auch optisch ein Hit. Bunte Mischungen mit roten oder grünen, spitzen, runden oder gezackten Blättern gibt es im Fachhandel.

Bei Kopfsalat sieht die Ernte ganz anders aus: Sobald der mal runde, mal eiförmige Kopf sich geschlossen hat bzw. groß genug scheint, kappt man ihn komplett an seiner Basis.

Aussäen können Sie Salate nahezu rund ums Jahr – nur im Winter macht es keinen Sinn – oder sie vorgezogen als Setzlinge in Gärtnereien kaufen. In den Übergangsphasen im Frühling und Herbst deckt man die Pflanzen mit Folie oder Vlies ab. Damit keine Erntepause entsteht, ist es ratsam, Kopfsalate alle zwei Wochen und Schnittsalate alle vier Wochen auszusäen.

Gefilzte Salatköpfe

Das braucht man: spezielle Filznadeln, am besten gleich mehrere (die gibt es im Hobbybedarf), sogenannte „Märchenwolle", für Salat bieten sich Grüntöne an, Holzstäbchen

So wird's gemacht: Die süßen kleinen Salatköpfe sind nadelgefilzt. Bei dieser Technik wird das Material trocken verarbeitet, d.h. es geht ganz einfach und ohne viel Aufwand. Einen schmalen Wollstreifen, etwa 2 cm breit, auslegen. Dann mit der Nadel mehrfach – zuerst in der Mitte – einstechen und so nach und nach das Material verfestigen. Dabei den Wollstreifen regelmäßig wenden. Die spätere Oberkante festnadeln, die Unterkante nur leicht. Um ein Stäbchen zum Kopfsalat wickeln. Gibt witzige Broschen, Ohrstecker und mehr.

DA GEHT'S LANG IM BLÄTTERWALD

Mangold

Spinat

Tatsoi

Brunnenkresse

Mizuna

Rukola

Rote Bete

Komatsuma

Red Giant

Portulak

Teufelsohrensalat

Ganz schön bunt hier! Allein mit Salaten könnten Sie schon mehrere Beete oder Gefäße füllen, ohne dass Ihnen langweilig wird – beim Essen und beim Hinsehen! Das liegt mit daran, dass man dafür nicht nur die klassischen Pflanzen verwendet. Stattdessen pflückt man ebenso eifrig Wildkräuter, wie Löwenzahn und Rukola, oder die noch jungen, zarten Blätter von Gemüse, das man sonst eher gekocht kennt, wie Spinat, Mangold oder die diversen Asia-Kohl-Arten.

Bauen Sie Kohlarten als Salat an und nicht, um sie auswachsen zu lassen, sät man sie viel dichter aus. Das gilt ebenso für Rote Bete – Sie wollen in diesem Fall nicht die Knollen, sondern „nur" das oberirdische Kraut. Im Handel gibt's „Salad Leaves"-Mischungen zum Aussäen als praktische Saatplatte oder Saatbänder.

Was den Geschmack betrifft, sollten Sie einfach ausprobieren, was Ihnen am besten trifft. Ist es der nussige Rukola, der senfig-scharfe Asia-Kohl oder der milde 'Lollo Rosso'? Mitentscheidend für das Aroma ist der Boden: Alle Salate mögen lockere Erde, die gleichzeitig gut Wasser speichern kann. Nur bei gleichmäßiger Feuchtigkeit bleiben die Blätter zart und mild und schmecken nicht bitter. Und: Sehr heiße und sonnige Standorte sollten Sie vermeiden, da vor allem feinere Blätter dort schnell schlappmachen.

Das geht ja leicht! Mit einer Schere oder einem Messer erntet man die Blätter, wie man sie braucht – schnipp schnapp! Wichtig: Sie sollten nicht mehr als 10 cm groß sein, sonst schmecken sie schnell bitter. Und: Nie ins Herz der Pflanzen schneiden!

FRISCHES GRÜN AUFS BROT ODER IN DIE SCHÜSSEL – FÜR FARBTUPFER SORGEN BUNTE BLÄTTER UND ESS-BARE BLÜTEN, WIE VON ROSEN, KAPUZINERKRESSE, VEILCHEN ODER TAGLILIE.

Alle Salate sät man direkt in Töpfe oder ins Beet, am besten in Reihen. Ist die Saat aufgegangen und es sieht alles dicht gedrängt aus (bei Pflücksalat okay), kann man immer noch einzelne Setzlinge heraus-zupfen und umquartieren.

MIT KÖPFCHEN

Das ist (meist) 'ne runde Sache: Kopf bildende Salate verlieren nur ihre Form, wenn sie „schossen", also blühen.

Romanasalat

erkennt man an der eher ovalen Form. Die rotblättrige Sorte 'Ovired' wird dicht gesät; die Blätter werden jung geerntet.

Kopfsalat, den

Klassiker, gibt's in Grün und Rot. Richtig praktisch sind „Salanova"-Sorten (rechts), die man mit einem Schnitt in mundgerechte Blätter teilt.

Eisbergsalat ist

besonders knackig, wie auch alle anderen Bataviasalate. Er bildet kugelrunde, ganz dicht geschlossene Köpfe.

Endivie gilt als typischer

Wintersalat. Man sät ihn nicht vor Ende Juni aus. Für zarteren Geschmack kann man die krausen Blätter durch Abdecken bleichen.

Radicchio sät man von

Mai bis August aus, damit man ihn im Herbst ernten kann. Typisch für diesen Salat ist sein bitterer Geschmack.

MUNGOBOHNE

ADZUKIBOHNE

LASSEN SIE'S SPRIESSEN & KEIMEN

Nicht nur im Winter peppen Sprossen und selbst gezogene Kresse Salate und Butterbrote auf. Keimlinge sind vitaminreich, leicht verdaulich und ganz leicht selbst gemacht. Man verwendet dafür die unbehandelten Samen von Hülsenfrüchten, Getreide und Gemüsearten. Im Handel findet man spezielle Keimgutpäckchen.
EINS: Zuerst mal braucht man Keimgläser, für jede Samenart eins. Nehmen Sie einfach größere Marmeladen-, Trink- oder, noch besser, Weckgläser. Außerdem: Gazestoff und Gummibänder.

ZWEI: Die Samen gründlich waschen und in das Glas füllen. Wasser dazugeben; auf einen Teil Samen drei, vier Teile Wasser. Gaze über die Öffnung legen und mit dem Gummi befestigen.
DREI: Jetzt das Ganze im Dunkeln (einfach ein Tuch drüberlegen) acht bis zwölf Stunden quellen lassen.
VIER: Abgießen, noch einmal spülen und das Glas leicht gekippt aufstellen, damit kein Wasser drinsteht. Zweimal täglich kurz einweichen – nach ein paar Tagen sind die Keimlinge fertig!

GRÜNSTREIFEN VORM HAUS ... NUR EINE PFIFFIGE IDEE (VON PETIT MOUTON ÜBER DAWANDA), DIE MAN MIT KRESSE FIX IN DIE TAT UMSETZEN KANN. MAN BRAUCHT NICHT MAL ERDE: SAMEN EINFACH AUF WATTE AUSSTREUEN UND MIT EINEM SPRÜHER FEUCHT HALTEN.

MACH MAL PLATZ! VOR ALLEM SCHNITT-SALAT EIGNET SICH BESTENS FÜR SCHNELLE ZWISCHENSAATEN. ACHTEN SIE DABEI AUF DIE SORTEN: NICHT ALLE EIGNEN SICH FÜR JEDE JAHRESZEIT. INFOS DARÜBER FINDET MAN JEWEILS AUF DER SAMENTÜTE.

Ab in die Kiste! Oder in die Tasche?

Mach's einfach!

<u>Alle Salate</u>, vor allem die „schnittigen" Arten, haben eins gemeinsam: Sie brauchen nicht viel Platz! Theoretisch kann man also alles damit füllen, was man so zu Hause findet, z.B. das:
<u>Holzkistchen</u> gehen oft beim Einkauf mit. Wenn der Boden nicht zu lückig ist, kann man die Erde direkt einfüllen. Sonst legt man eine aufgeschnittene Plastiktüte aus und sticht ein paar Löcher ein, damit das Wasser abfließt.
<u>Pflanztragetaschen</u> gibt's mit Gratis-Tragegriff zum schnellen Umstellen. Bitte am Boden ebenfalls löchern!

FALSCH

WAHR

 HÄUSCHENSCHNECKEN ...

... sind ebenso scharf auf Salat? Nee nee, viel besser: Sie fressen die Eier der Nacktschnecken!

 GIERIGE WEGSCHNECKE

Alle Nacktschnecken knabbern unsere Pflänzchen an? Nein! Unersättlich aber ist die Spanische Wegschnecke (Abb).

 NICHTSNUTZIGE NACKTSCHNECKEN

Von wegen! Eigentlich helfen sie nämlich beim Abbau von absterbenden Pflanzen oder Tierkot und tragen so zu einem guten Boden oder sauberen Wegen bei.

NACKTSCHNECKEN ...

... lieben Salat. Und Erdbeeren, Zucchini und vieles mehr! Neben Schneckenzaun, -korn und Co. hilft am besten eines im Umgang mit den Tieren: „Mensch, ärgere dich nicht!"

TIERISCHER FAKIR

Schnecken können tatsächlich unbeschadet über Rasierklingen und Scherben kriechen.

DIE AUGEN SITZEN AN DEN FÜHLERN

Stimmt, aber Schnecken sehen trotzdem nicht viel. Die Fühler helfen aber beim Riechen & Schmecken.

Tomatenlust

Himmlischer Genuss! Nicht umsonst sind die Tomaten auch als Paradiesäpfel (oder bei den Österreichern als „Paradeiser") bekannt. Klingt ziemlich gehoben für ein Gemüse, das auf der Pizza liegt oder als Basis für Ketchup dient. Aber die Tomate kann eben noch viel mehr: Sie schmeckt gekocht wie auch roh, als Solistin oder kombiniert mit anderen Zutaten. Und selbst im größten Zutatengemenge lässt sie sich nicht unterkriegen und wir wissen sofort, dass sie daran beteiligt ist. Das liegt zum einen am typischen Aroma, zum anderen an der roten Fruchtfarbe. Dass sie auch mal gelb oder orange sein kann und geschmacklich feine Nuancen zu bieten hat, erfährt man nur, wenn man Tomaten selber anbaut und unterschiedliche Sorten probiert. Und von denen gibt es eine Menge. Da könnte man glatt den Kopf verlieren? Ja, aber auch das Herz!

Die Tomatengang besteht aus unterschiedlichen Typen. Unterteilt sind sie einmal nach der Fruchtform. Die kleinsten, die Kirsch- und Cocktailtomaten, kann man direkt von der Pflanze naschen oder komplett verarbeiten. Das krasse Gegenteil davon sind üppige Fleischtomaten. Statt vielen Samen enthalten sie mehr Fruchtfleisch und sind deshalb super für Salate oder zum Füllen. Roma-Tomaten erkennt man an der Eierform; Flaschentomaten sind noch etwas länglicher und nicht ganz so saftig.

Strauch oder Stab? Als zweite Unterteilung dient die Wuchsform. Stabtomaten zieht man normalerweise mit einem Haupttrieb, den man an einem Stützstab festbindet. Strauch- und Buschtomaten wachsen niedriger und verzweigter.

Aller Anfang ist leicht! Neueinsteiger unter den Tomatenzüchtern können im Mai in der Gärtnerei oder im Gartencenter vorbeischauen und sich dort verschiedene Pflanzen aussuchen.

Zuhause werden sie nur noch in einen größeren Topf gepackt. Wer sich das Saatgut kauft und die Pflanzen selber vorzieht (> Seite 18) muss früher aufstehen: Etwa Mitte Februar kommen die Körner in die Erde. Erst mal natürlich auf der Fensterbank, denn Tomaten dürfen erst Ende Mai bzw. nach den Eisheiligen ins Freie. Wer sich fürs Aussäen entscheidet, hat ein bisschen mehr Aufwand, dafür in anderer Hinsicht die Nase vorn: All die alten sowie besondere Sorten gibt es nämlich meist nicht als Jungpflanzen, als Saatgut dagegen schon.

Gut, besser, am besten? Oft hört man, dass nur die alten Sorten lecker schmecken. Es gibt aber auch viele moderne Züchtungen mit besonderem Aroma. Außerdem wird viel Wert auf Widerstandsfähigkeit gegen Krautfäule gelegt ('Vitella', 'Philovita'). Alte Sorten wiederum sind aber nicht automatisch anfälliger dafür, wie die Schokoladentomate 'Sacher' zeigt.

> ALTE SORTEN SIND NICHT NUR SEHR VARIANTEN- UND GESCHMACKSREICH, SONDERN AUCH SORTENECHT. HEISST: NIMMT MAN DIE SAMEN AUS DEN FRÜCHTEN UND SÄT DIESE IM NÄCHSTEN JAHR WIEDER AUS, BEKOMMT MAN DIESELBEN FRÜCHTE.

'Mandarin'

'SCHLESISCHE HIMBEERE'

'Tigerella'

'Juni-freude'

'Auriga'

'Coeur de Boeuf'

'ORANGE FLASCHEN-TOMATE'

'Black Cherry'

So ziehen Sie eine Tomate gross

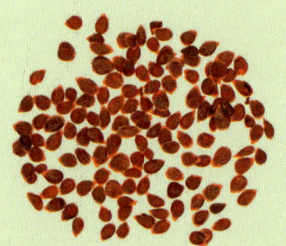

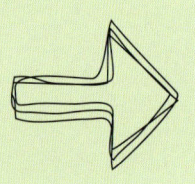

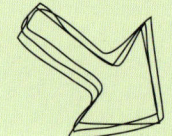

NA, DA IST DOCH SCHON WAS ZU SEHEN! DIESES ZARTE PFLÄNZCHEN WÄCHST IN EINEM ANZUCHTTOPF, DER VERROTTET.

ZUERST MAL BRAUCHT MAN DEN SAMEN. DEN DRÜCKT MAN MITTE FEBRUAR IN TÖPFCHEN ODER SCHALEN MIT AUSSAATERDE.

ACH, SCHAU MAL, DIE ERSTEN BLÜTEN! DIE SIND SCHÖN GELB, DAMIT DIE BIENEN SIE AUCH FINDEN!

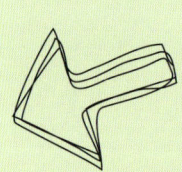

SO LANGSAM WIRD'S ZEIT FÜR EIN GRÖSSERES GEFÄSS UND FRISCHE ERDE. WENN DIE TOMATE VORHER SCHON IN EINEM EIGENEN TOPF STAND, KANN SIE GLEICH IN DEN RICHTIG GROSSEN KÜBEL.

TOMATEN BRAUCHEN VOR ALLEM KALIUMREICHEN DÜNGER, WIE DIESES BIO-PRÄPARAT, ODER KOMPOST.

NICHT LANGE, UND AUS DEN BLÜTEN WERDEN FRÜCHTE, ERST GRÜN, DANN ROT. ODER GELB ODER VIOLETT …

Die Pizza schmeckt auch lecker mit Rukola!

Tomaten-Pizza

<u>Das braucht man</u> (für vier Personen):
400 g Mehl | 1 TL Salz | 1/2 Würfel Hefe | 3 EL
Olivenöl | 2 Kugeln Mozzarella | 1 Bund Basilikum
| 400 g Kirschtomaten | Salz, Pfeffer

<u>So wird's gemacht:</u> Mehl in einer Schüssel mit
Salz mischen, in die Mitte eine Mulde drücken,
200 ml lauwarmes Wasser eingießen und Hefe
darin auflösen. Öl zugeben und alles rasch zu
einem glatten Teig verkneten. Zugedeckt an einem
warmen Ort eine Stunde ruhen lassen.
Ofen auf 220 °C heizen. Mozzarella in Scheiben,
Basilikum in Streifen schneiden. Teig noch mal
durchkneten, halbieren. Beide Hälften dünn
ausrollen und auf je ein Blech mit Backpapier
legen. Mit Mozzarella, Tomaten und Basilikum
belegen, salzen, pfeffern, mit etwas Olivenöl
beträufeln und ca. 20 Min. backen.

KLICK MAL DA!

UFF, SOOO VIELE TOMATEN – DA KÖNNTE MAN GLATT
DEN ÜBERBLICK VERLIEREN! ABER FALSCH MACHEN KANN
MAN FAST NIX: PROBIEREN SIE EINFACH DIE AUS, DIE SIE
ANSPRECHEN. SAATGUT GIBT ES Z.B. UNTER WWW.
TOLLETOMATEN.DE, WWW.IRINAS-TOMATEN.DE, WWW.
LILATOMATE.DE ODER BEI MANFRED HAHM-HARTMANN.

Tomaten-Triathlon

Zuerst wandern die Samen ins **Tütchen**, dann in den **Tetrapak** und schließlich in den **Pflanztopf** – und wenn die leckeren Früchte erscheinen, meistern sie auch die vierte Disziplin: den Geschmackstest auf dem Teller ...

DIY

Bunte Samentütchen

Das braucht man: Vorlagen aus dem Internet, z.B. unter just-somethingimade.com, maggie-wang.com (unten) oder alternativ eigene Vorlagen entwerfen, hübsch gemustertes Papier (z.B. Geschenkpapier), weißes Papier, Schere, Klebstoff, Stift, Lineal

So wird's gemacht: Vorlage in der gewünschten Größe auf die Rückseite des Papiers übertragen. Ausschneiden und die Falze nach innen umschlagen. Die seitlichen Falze mit Klebstoff bestreichen und die Rückseite daraufpressen. Oberen Falz freilassen, bis das Saatgut eingefüllt ist. Mit weißem Papier Schriftfelder aufkleben.

AB IN DIE TÜTE – DIE VERPACKUNGEN VON MILCH ODER SAFT EIGNEN SICH SUPER ALS KINDERSTUBE FÜR TOMATEN UND CO., WEIL SIE WASSERDICHT SIND. SO GEHT'S: TETRAPAK AUSSPÜLEN, MIT DEM MESSER DAS OBERE DRITTEL ENTFERNEN. ERDE UND SAMEN REIN. DIE SAMENTÜTE KANN ALS ETIKETT DIENEN.

Mein Balkon – so klein und so viel drauf!

Balkongemüse

Kein Garten vorhanden? Macht der Tomate wahrscheinlich weniger aus als Ihnen. Zumindest, wenn der Balkon oder das gepflasterte Fleckchen von der Sonne verwöhnt wird. Denn ohne Wärme kein Aroma!

Als Pflanzgefäße eignen sich tiefe Blumenkästen (ca. 15 cm) und größere Töpfe (20 bis 30 cm Ø). Tipp: Gefäße sind mobil; wenn es regnet, rückt man sie unter ein Dach, damit die Pflanzen nicht an Krautfäule erkranken.

Spezielle Balkontomaten wachsen ziemlich buschig; in Hängeampeln gepflanzt brauchen sie weniger Platz als am Boden. Stabtomaten stehen schön aufrecht, wenn man den Trieb regelmäßig an einem Stab festbindet.

Rund um die Tomate ist echt was los ...

TOMATEN TROCKNEN

Das geht im Ofen am schnellsten. Ofen auf 95 °C (Ober-/Unterhitze) vorheizen. Halbierte Tomaten (große mindestens vierteln) mit der Schnittfläche nach oben auf Backpapier auslegen. Leicht salzen und würzen (z.B. Thymian, Rosmarin, Knoblauch) und bis zu fünf Stunden trocknen. In Olivenöl aufbewahren.

TOMATENRELISH

Das ist die Haltbarmach-Alternative zu Ketchup: 350 g Tomaten mit 2 Knoblauchzehen, 200 g Zwiebeln, 2 Chili (alles klein gewürfelt) würzen. 200 ml Essig mit 200 g Gelierzucker (2:1) vermengen. Tomatenmix darin ca. 15 Min. kochen. In Twist-off-Gläser füllen.

GRÜNE TOMATEN

werden in den USA gern gegessen. Aber es ist so: Was grün ist bei der Tomate, ist giftig (Solanin). Egal, ob man eine unreife Frucht oder eine spezielle, grün bleibende Sorte wie 'Green Zebra' (Abb. oben) nimmt. Ob sich Solanin durch Erhitzen abbaut, ist umstritten.

DA HABEN SIE DEN SALAT!

Tomaten schmecken roh genauso lecker wie gekocht. Der Klassiker: Tomate-Mozzarella-Salat („Caprese") mit Basilikum. Das Dressing besteht aus Olivenöl und Balsamicoessig.

SAMEN SAMMELN

Das lohnt sich nicht bei allen Tomaten. Moderne Sorten sind oft sogenannte F1-Züchtungen. Nimmt man das Saatgut davon, kommen ganz andere Nachkommen raus. Alte Sorten sind dagegen samenecht. Körnchen in ein Sieb geben und Fruchtfleisch abspülen. Auf Küchenkrepp gut trocknen lassen, in Tütchen füllen.

VOLL IM BILD

Wer Sorten sammelt, dem wird dieses Etikett gefallen: Polaroid der reifen Frucht schießen und man weiß später genau, was aus dem Samenkorn mal wird. Und: Auf dem weißen Rand ist Platz zum Beschriften.

TOMATEN AUF DEN AUGEN …

… hat man, wenn man sprichwörtlich etwas übersieht. Und dann gibt es ja noch die „treulosen Tomaten", also Bekannte und Freunde, die sich als unzuverlässig erweisen.

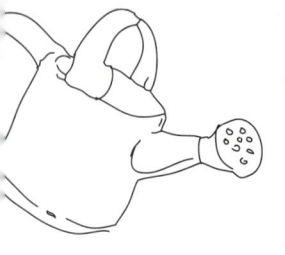

Tomaten im Topf oder im Erdsack? Warum nicht beides: Beutel flachlegen, kreuzweise einritzen und getopfte Tomaten **auf das Substrat aufstellen.** So haben die Pflanzen mehr Erde zur Verfügung. Immer wichtig: Ein sonniger, warmer, **windgeschützter Platz**, genug Nährstoffe und Wasser.

So geht's!

Aufgepasst beim Gießen: Die Blätter dürfen nicht nass werden. Bei Stabtomaten knipst man üblicherweise die Seitentriebe aus (Abb. rechts), damit die Früchte schön groß werden – das nennt man übrigens ausgeizen.

Was bist du denn für eine? Zum Anbeißen siehst du nicht gerade aus ...

Jetzt geht's los! Nach den Eisheiligen Mitte Mai dürfen Tomaten nach draußen, denn erst dann ist es auch nachts warm genug. Gleich beim Auspflanzen gibt man in jedes Pflanzloch eine Handvoll Kompost oder mischt speziellen Tomatendünger unter (auf die Herstellerangaben achten!). Das kann man über den Sommer zwei bis dreimal wiederholen. Der Pflanzabstand sollte 40 bis 60 cm betragen, je nachdem, ob man schmal aufrechte oder buschig wachsende Sorten nimmt.

Macht's noch Spaß? Das werden Sie sich vielleicht auch manchmal fragen, wenn Ihre Tomaten braun werden und verdorren. Schuld daran ist die Kraut- und Braunfäule, eine Pilzerkrankung. So beugt man vor: Die Pflanzen unter ein Dach stellen, damit sie schön trocken bleiben. Auch beim Gießen darauf achten, die Blätter nicht zu treffen. Das hilft: Kleine Töpfe neben der Tomate eingraben (> Seite 76) und dort das Wasser hineingeben. So steht einer reichen Ernte – ab Juli bis zum Frost – nichts im Wege!

Das machen jetzt nämlich alle:
Ein paar **Kästen und Töpfe** auf
den Balkon, in den Hof oder **vor
die Tür** gestellt und los geht's!

„Urban Gardening" nennt man es auch und
damit ist vor allem der Anbau von Obst und Gemüse gemeint.
Das klappt, wenn man erfinderisch wird – bei der Standort-
suche und den Gefäßen, die man verwendet. Jedes Fleckchen
wird genutzt! Auf gepflasterten Flächen kommt man mit Hochbeeten weiter als mit kleinen Töpfen. Auf dem Balkon haben
wir zudem Seile gespannt, an denen wir noch ein paar Kräuter-
körbe mehr unterbringen. Außerdem gibt es fertige Systeme,
die man stapeln und bei Bedarf erweitern kann oder welche
zur Anbringung an der Wand oder an der Brüstung (> Seite 112).

Alles grünt! Und weil wir möchten, dass auch unsere Stadt
richtig grün wird, sind wir auch unter die „Guerilla Gardener"
gegangen: Selbst gemachte Samenbomben haben wir immer
in der Tasche, wenn wir losziehen und lassen sie gern auf
unbebauten, tristen Flächen fallen. Und ein paar Häkelblumen
habe ich auch schon in den Maschendrahtzaun gehängt.

KEINKAUFSWAGEN
ernten wo man isst.
Urbane Landwirtschaft
gemeinsam, biologisch.

KOHLRABI MUSS NICHT IM KOCHTOPF LANDEN: WIE WÄR'S MIT EINER SELBST GESCHNITZTEN ROSE AUS DER KNOLLE ALS TISCHDEKO? MIT EIN BISSCHEN ÜBUNG ...

Kopf HOCH!

<u>Einfach spitze, dieser Kohl!</u> Finden Sie nicht? Könnte an seinem deftigen Image liegen. Oder daran, dass man ihn sofort mit Kohlsuppe und Sauerkraut und anderem Arme-Leute-Essen verbindet. Dabei hat er sich inzwischen zu einem echten Gourmetgemüse gemausert. Außerdem: Selbst wenn man ihn nicht essen mag, hat er allein schon optisch einen Platz im Garten verdient! Kohl hat nämlich so viele Gesichter, dass man die nahe Verwandtschaft oft gar nicht auf den ersten Blick erkennt: Da gibt es Knollen und Köpfe, Röschen und runzlige Blätter, ... aber schauen Sie selbst mal auf der nächsten Seite!

Sooo gesund! Kohl hat echt was im Köpfchen: Er enthält z.B. Senföle, die unser Immunsystem in Top-Form halten. Und eine ganze Menge Vitamin C (vor allem Brokkoli und Rosenkohl), besser gesagt eine Vorstufe davon, die dann durch Kochen darin verwandelt wird. Kohl ist zudem reich an Ballaststoffen. Die sind zwar gut für uns, aber, und das ist weniger schön, wirken auch blähend. Mal mehr, mal weniger – Spitzkohl, Blumenkohl und Brokkoli geben sich da zurückhaltender. Kümmel im Essen verbessert übrigens die Verdaulichkeit.

„Kohldampf" bekommen? Kopfkohl, Kohlrabi und Brokkoli kann man drinnen schon ab März aussäen und vorziehen, ab Mitte April dann draußen. Wenn es mal kalt wird, deckt man sie mit Vlies ab. Die anderen Familienmitglieder kommen erst ab Mai (bis Ende Juni möglich) ins Beet. Kohlrabi braucht nur ungefähr zwei Monate bis zur Erntereife, deshalb kann man ihn bis Anfang September aussäen und er ist vor dem Frost fertig.

Das schmeckt!

Mmmh ... Kohlrouladen!

<u>Das braucht man:</u> 8 große (äußere) Kohlblätter (z.B. von Weißkohl, Wirsing, Spitz-, China- oder Rotkohl) | 500 g Hackfleisch | 4 Lauchzwiebeln | 1 Knoblauchzehe | 3 EL Tomatenmark | Salz, Pfeffer | 150 ml Geflügelbrühe

<u>So wird's gemacht:</u> Die Blätter etwa 2 Min. in kochendem Salzwasser blanchieren. Rausnehmen und gleich in Eiswasser abschrecken. Zwiebeln putzen, in feine Ringe schneiden. Den Knoblauch schälen und fein hacken. Hackfleisch anbraten, Zwiebeln, Knoblauch und Tomatenmark zugeben und kurz anschwitzen. Füllung mit Salz und Pfeffer würzen.
In jedes Blatt einen ordentlichen Esslöffel von der Füllung setzen, das Blatt erst von den Seiten einschlagen und dann aufrollen. Mit einer Kordel zusammenbinden oder mit Zahnstocher fixieren. Mit der „Naht" nach unten kurz anbraten, Brühe dazugießen und darin gar kochen (ca. 40 Minuten).

Weißkohl hat glatte grüne Blätter und bildet dichte Köpfe. Kommt nicht nur im Herbst auf den Tisch, auch im Mai/Juni ist Erntezeit. Sortentipps: 'Micro F1' (bildet Mini-Köpfe, super bei wenig Platz), 'Dottenfelder Dauer' (kann man bis in den Januar lagern).

Spitzkohl ist im Grunde ein Weißkohl, gut zu erkennen am kegelförmigen Kopf. Erntezeit ist von Mai bis Dezember. Spitzkohl wirkt weniger blähend als seine Verwandten. Sorten: 'Cape Horn' (früh reif), 'Kalibos' (Abb., rotblättrige Neuheit, ab Juli erntereif).

Grünkohl bringt man am besten im Blumenbeet unter. So nimmt er früherem Gemüse keinen Platz weg, denn er wird erst geerntet, wenn er einmal Frost abbekommen hat – dann schmeckt er besser. Seine hübschen Blätter sind eine echte Zierde. Sortentipps: 'Redbor' (rotviolett), 'Nero di Toscana' (blaugrün).

Guck mal, wer da wächst!

Wirsing Ja, das ist der mit den runzligen Blättern. Und den gibt's auch im Frühjahr! Dann schmeckt er zart, ab Herbst eher würzig. Im Garten wächst er problemlos. Sortentipps: 'Eisenkopf' (für frühen Anbau), 'Wirosa F1' (für späten Anbau).

Rotkohl oder Blaukraut – zwei Namen für ein und dasselbe Gemüse, das man vor allem für den Herbst und Winter anbaut. Typisch ist sein leicht süßes Aroma. Sortentipp: 'Integro F1' (neu, braucht wenig Platz, ist schon Ende Juni reif).

Rosenkohl sieht aus wie eine Palme mit dem langen, dicht mit Kohlköpfchen besetzten Stängel und dem Blattschopf „on top". Wird im Mai gepflanzt, reift erst im Spätherbst! Sortentipps: 'Igor F1' (sehr ertragreich), 'Red Ball' (rot), 'Petit Posy' (lila).

Blumenkohl Bei ihm sind weder Blätter noch irgendwelche Knollen interessant – man lässt sich stattdessen seine Blüten schmecken. Die wiederum wachsen zu einem weißen, manchmal auch violetten, gelben oder grünen Kopf heran. Sorten: 'Minaret' (Abb., grüner Romanesco mit pyramidenförmigem Blütenstand), 'Adelanto' (Mini-Sorte).

Brokkoli ist vielseitig verwendbar. Klar, dass die violett-grünen Röschen an erster Stelle stehen, aber auch der Strunk ist ziemlich lecker. Und: Einige Sorten kann man mehrfach ernten. Sortentipps: 'Marathon F1' (ertragreich), 'Santee F1' (violett, mild).

Kohlrabi ist ideal für Gemüsegarteneinsteiger, weil er immer gelingt. Seine Knollen wachsen obenauf, je nach Sorte in Blau oder Weiß (eigentlich Grün). Setzlinge ab April pflanzen, aber nicht zu tief! Sortentipps: 'Blaro' (blau, im April säen oder pflanzen), 'Lanro' (weiß, ganzjährig).

An den Kragen gehen

<u>Was krabbelt denn da?</u> Ein giftgrünes oder haariges „Würmchen"
auf den Kohlpflänzchen entdeckt? Tja, da haben ein paar gefräßige
Raupen wohl auch schon bemerkt, dass es bei Ihnen etwas Leckeres
gibt. Der Große und Kleine Kohlweißling knabbern besonders gern
an den Blättern oder bohren sich in die Köpfe.

<u>Das kann man tun:</u> Am besten direkt nach dem Einpflanzen ein
engmaschiges Netz über die Pflanze legen und dort bis zur Ernte
lassen. Ein sogenannter „Kohlkragen" hindert dagegen die Kohlfliege
daran, ihre Eier abzulegen. Einfach jedem Setzling einen umlegen!

LÖSUNG

PROBLEM

Mjam – ich liebe diese
Blätter! Und morgen
besuch ich den Wirsing ...

33

Raus aus dem Beet – immer komplett mit Strunk, um Krankheiten vorzubeugen!

PAK CHOI STATT PALMEN – DER ASIAKOHL STARTET DOCH GLATT ALS TOPFPFLANZE DURCH! IN EINEN SCHÖNEN POTT GESTECKT, WÄCHST EIN SAMENKORN AUF DEM BALKON ODER AM FENSTER IN GUT SIEBEN WOCHEN ZUM FERTIGEN KOHL HERAN. WER WILL, KANN IHN VERSPEISEN. WER NICHT WILL, SCHAUT MAL, WAS DAMIT PASSIERT ...

WIE KOMMT MAN ZUM KOHL?

EINS: Am Anfang war die Aussaat – das gilt natürlich auch für den Kohl! Vor allem, wenn man bestimmte Sorten haben möchte, macht man sich selbst ans Werk. Superpraktisch sind Torfquelltöpfe, die im trockenen Zustand aussehen wie Tabletten. Erst, wenn man sie gießt, kann man sie verwenden. In jedes Töpfchen drückt man zwei, drei Samenkörner. Später lässt man nur den stärksten Sämling stehen und siedelt alles komplett ins Beet um.

ZWEI: Wer sich das alles sparen will, nicht viel Platz auf der Fensterbank hat oder nur einige wenige Pflanzen braucht, kauft beim Gärtner oder im Gartencenter vorgezogene Setzlinge.

DREI: Fast alle Kohlarten – eine Ausnahmen ist z.B. Kohlrabi – sind ziemlich gefräßig, brauchen also viele Nährstoffe. Schon beim Einpflanzen mischt man deshalb Kompost und Hornspäne in die Erde. Bevor die Köpfe rollen bzw. sobald sie sich bilden, gibt's noch mal Nachschub mit flüssigem Gemüsedünger.

VIER: Für Kopf-, Rosen-, Grünkohl und Brokkoli plant man gut 40 cm Abstand ein, Kohlrabi braucht weniger Platz. Etwa nach drei Wochen häufelt man Kopfkohl an, d.h. man zieht die Erde zu den Pflanzen. So bilden sich noch mehr feine Wurzeln. Wichtig: Kohl nie zwei Jahre hintereinander auf demselben Beet pflanzen!

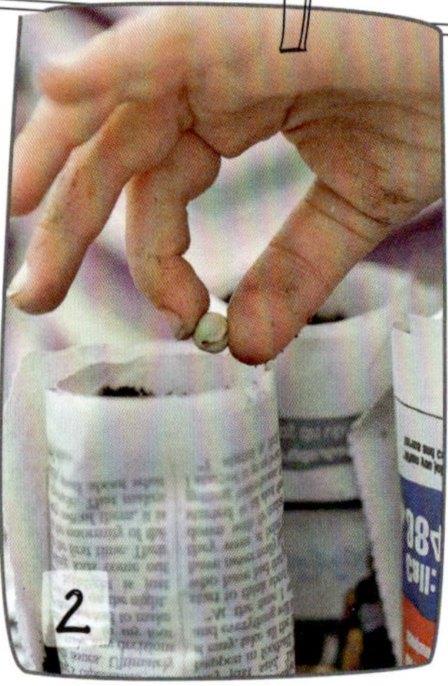

ACH, SO GEHT DAS!

Aussäen ist der Anfang von allem. Die meisten Gemüse und viele Kräuter sind **einjährig**. Das heißt, der **Gartenspaß** beginnt Jahr für Jahr von vorne.

Drinnen vorziehen: Das macht man, damit die Pflanzen, wenn sie im Mai nach draußen dürfen, schon einen Vorsprung haben. Südländer wie Tomaten und Paprika würden sonst erst sehr spät im Jahr die ersten Früchte bilden. Man zieht sie ziemlich früh, ab Mitte Februar, vor. Im Gegensatz dazu reicht es bei den Schnellstartern Kürbis und Zucchini, wenn man sie im April in die Erde drückt. Was Sie fürs Aussäen brauchen, sind die richtige Erde, nämlich nährstoffarme Aussaaterde, und Gefäße. Große Samen wie von Kürbis oder Zucchini sät man einzeln in Töpfe. Feine Körnchen bringt man in Schalen aus. Wenn die Sämlinge dann das zweite Blattpaar ausgebildet haben, sollte man sie vereinzeln (pikieren). Dazu hebt man sie vorsichtig, ohne sie zu beschädigen, heraus (mit Finger, Bleistift oder Pikierholz) und setzt sie einzeln in kleine Töpfe. Weitere wichtige Hilfsmittel sind ein Erdsieb, Etiketten – und natürlich Saatgut!

Draußen säen: Karotten, Erbsen, Bohnen oder Radieschen sät man in der Regel direkt ins Beet. Dasselbe gilt für Salat, Spinat, Mangold und Grünkohl. Das liegt zum einen daran, dass diese Arten das Umsetzen nicht mögen, bzw. sich so schnell entwickeln, dass eine Vorkultur nicht nötig ist. Die Erde im Beet muss schön locker sein. Dann zieht man mit der Hacke oder dem Finger eine Rille, in die man die Samen gibt. Die bedeckt man leicht mit Erde und gießt sie vorsichtig an. Lichtkeimer wie Karotten, Sellerie oder Kopfsalat deckt man nicht ab. Stehen die Keimlinge später zu dicht, zieht man einige heraus.

1. Zuerst die Gefäße zu zwei Dritteln mit Erde füllen und mit der Hand einebnen. Praktisch: Wenn Sie die Erde in einen Eimer geben und die kleinen Töpfchen daraufsetzen, geht beim Einfüllen nichts oder nur wenig daneben.

2. Jede Sorte wird getrennt voneinander gesät, bei Schalen in Reihen, jedes Körnchen mit etwas Abstand zum nächsten. In einzelne Töpfchen drückt man drei bis fünf Samen. Später kann man die schwächsten herausziehen.

3. Die Erde mit einem Sieb fein über die Samen streuen. Oder zwischen den Fingern zerbröseln.

4. Etiketten sind unerlässlich, damit man später auch noch weiß, was in den Töpfen drin ist.

5. Durch das Angießen (nur mit einer feinen Brause!) werden die Samen mit der Erde verbunden und bekommen die zum Keimen nötige Feuchtigkeit.

6. Schalen kann man zusätzlich mit Folie abdecken. Durch die erhöhte Luftfeuchte keimen die Samen schneller. Später werden die Sämlinge pikiert.

7. Einzelne Töpfchen kann man in ein Zimmergewächshaus stellen. Eine prima Alternative sind halbtransparente Plastikboxen. An warmen Tagen im März/April kann man die Pflanzen tagsüber mal nach draußen stellen, um sie abzuhärten.

8. Sät man direkt ins Beet, zieht man mithilfe einer Schnur eine gerade Furche. Samen hineingeben und wieder mit Erde bedecken, angießen – fertig!

Rein mit den Kartoffeln!
Und zwar so: Furche ziehen,
die Saatknollen in Fußlänge
auslegen und wieder mit
Erde zudecken.

OIIE knOIIE

Um was geht's denn hier? Na, um Kartoffeln! Die meistens gelbbraunen, rundlichen bis ovalen Knollen, die man aus der Erde buddeln muss. Dass sie auch gaaanz anders aussehen können, zeigt unsere (wirklich) kleine Sortenauswahl unten. Unterschiede gibt's aber nicht nur äußerlich – auch der Geschmack und die Konsistenz variieren.

Pommes, Puffer, Püree – schon richtig doll Appetit bekommen? Dabei ist das noch längst nicht alles, was Sie aus Kartoffeln machen können. Man kann sie zwar nicht roh essen, aber so unglaublich vielseitig verkochen, verbraten und verbacken wie kein anderes Gemüse. Noch eine tolle Neuigkeit: Kartoffeln selber anbauen bekommt jeder hin. Probieren Sie's aus – wäre doch gelacht, wenn Sie nicht auch bald zu den sprichwörtlich „dümmsten Bauern" gehören!

Mehlig oder fest? Das ist bei Kartoffeln die Frage! Denn so bezeichnet man die schon erwähnte Konsistenz der Knollen. Mehlige Sorten verwendet man z.B. für Püree, Suppen, Klöße und Kroketten, festkochende für Gratins, Salate, Pell- und Bratkartoffeln. Kartoffeln für (fast) alle Verwendungsarten sind die „vorwiegend festkochenden" Sorten. Außerdem gibt es noch die Unterteilung in frühe bis späte Kartoffeln. Danach richtet sich die Pflanzzeit und natürlich später auch der Erntetermin!

'CATRIONA'

'AUGUSTA'

'ROSA TANNENZAPFEN'

'VITELOTTE'

'KERKAUER KIPFLER'

'LINDA'

'MAYAN TWILIGHT'

'LA RATTE'

'CHEYENNE'

KREATIVE KARTOFFELN

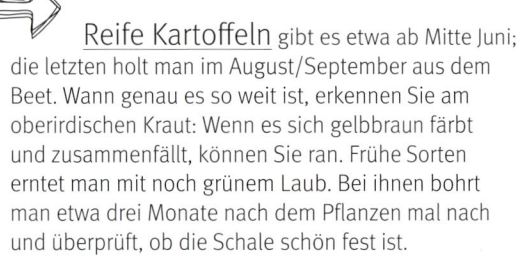

Reife Kartoffeln gibt es etwa ab Mitte Juni; die letzten holt man im August/September aus dem Beet. Wann genau es so weit ist, erkennen Sie am oberirdischen Kraut: Wenn es sich gelbbraun färbt und zusammenfällt, können Sie ran. Frühe Sorten erntet man mit noch grünem Laub. Bei ihnen bohrt man etwa drei Monate nach dem Pflanzen mal nach und überprüft, ob die Schale schön fest ist.

<u>Viele Vitamine</u> und Mineralstoffe stecken in dem stärkehaltigen Gemüse drin. Aber, wie schon gesagt: Man muss die Knollen weich kochen (oder backen), bevor man sie genießen kann. Ganz wichtig: Grüne Stellen (entstehen durch Licht) immer wegschneiden, denn die enthalten giftiges Solanin!

DIY

Kartoffelstempel

Das braucht man: Kartoffeln, Keksausstecher, Messer, Pinsel, Farbe (z.B. Stofffarbe), Küchenpapier

So wird's gemacht: Mit Stempeldruck werden T-Shirts, Möbel oder Papier schnell kreativ verschönert. Kartoffeln halbieren. Keksausstecher eindrücken und die Reste drum herum mit dem Messer entfernen. Mit Küchenpapier trocken tupfen, dann mit dem Pinsel wenig Farbe auftragen. Stempeln (bei Kleidern eine Pappe unterlegen!) und trocknen lassen.

Für Pellkartoffeln mit Quark (vorwiegend) fest-kochende Sorten in wenig Wasser dünsten. Bei ganz frischen Frühkartoffeln kann man die Schale mit-essen. Selbst gemachte Backofen-Chips sind viiiel gesünder als gekaufte!

ZUM LAGERN EIGNEN SICH VOR ALLEM (MITTEL-) SPÄTE SORTEN. MAN PACKT SIE IN LUFTIGE KISTEN ODER KÖRBE UND STELLT SIE DUNKEL, BEI 5–7 °C.

Was kommt denn da ans Tageslicht? Aus einer Knolle sind richtig viele Kartoffeln geworden. Blühen tun die Pflanzen auch: meistens weiß, oder auch mal lila, wie die hier gezeigte Sorte 'Kerkauer Kipfler'.

Eigentlich ganz hübsch, das Käferchen. Aber Obacht: Es hat Kartoffellaub echt zum Fressen gern. Helfen soll das Mulchen mit Minze.

EINSPLUSEINS FÜR KARTOFFELGÄRTNER

     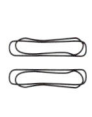 

ZUERST SAATKARTOFFELN IN HOLZKISTEN ODER PAPPKARTONS DREI WOCHEN KEIMEN LASSEN.

EIN HOHES GEFÄSS SUCHEN. WIR EMPFEHLEN EINEN WETTERFESTEN SACK (Z.B. MADE IN DESIGN).

NÄHRSTOFFREICHE ERDE EINFÜLLEN (20 CM), KARTOFFELN REIN UND MIT ERDE ZUDECKEN.

IMMER WIEDER MIT ERDE AUFFÜLLEN UND SICH AM SCHLUSS ÜBER VIELE KARTOFFELN FREUEN.

Wie geht denn das mit dem Selberanbauen überhaupt? Erst einmal brauchen Sie Saat- oder Pflanzkartoffeln. Diese besitzen eine höhere Keimfähigkeit und sind sozusagen das „Samenkorn", aus dem viele neue Kartoffeln entstehen.

Wann kann's losgehen? Frühe Sorten kommen Anfang bis Mitte April in die Erde, späte Anfang bis Mitte Mai. Wer die Kulturzeit etwas verkürzen will, lässt die Saatkartoffeln vorher ankeimen: Die Knollen drei Wochen vor dem Pflanzen in flache Kisten oder Kartons legen (gern dicht an dicht), kühl bei ca. 15 °C und hell stellen. Bald erscheinen feste grüne Keime (gut!) und nicht die dünnen weißen, die man sieht, wenn Kartoffeln zu warm lagern.

Im Beet legt man die Kartoffeln etwa mit einer Fußlänge Abstand aus. Der Reihenabstand sollte gut 40 cm betragen. Kartoffeln sind recht anspruchslos, was den Boden betrifft. Je lockerer, desto üppiger die Ernte. Sind die Triebe 15-20 cm lang, zieht man mit der Hacke weitere lockere Erde hoch und deckt die Triebe so weit ab, dass nur noch die Spitzen rausgucken. Dieses Anhäufeln wirkt sich positiv auf die Entwicklung der Knollen aus und verhindert, dass sie durch Lichteinwirkung grün werden. Das Ganze wiederholt man ungefähr dreimal. Der Erntesegen lässt schließlich bei Frühsorten etwa drei, bei späten vier Monate auf sich warten.

Noch einfacher geht der Anbau in hohen Kübeln, alten Fässern, großen Plastik- oder Jutesäcken. Zuerst ca. 20 cm Erde einfüllen. In ein Gefäß (Ø 50 cm) legt man drei Knollen im Dreieck aus. Säcke lassen sich durch Auf- und Abrollen des Rands ganz leicht fürs Anhäufeln variieren.

IST DAS ETWA AUCH 'NE KARTOFFEL? NEIN, EINE SÜSS-KARTOFFEL! DIE SCHMECKT ANDERS, REIFT BEI UNS KAUM UND WIRD WEGEN IHRER HÜBSCHEN BLÄTTER GERN ALS ZIERPFLANZE GENOMMEN.

Gärtnern hält fit!

Feeling good!

Schlecht drauf? Müde und schlapp, lustlos und unkonzentriert? Das allein wären ja schon Gründe genug, sich ein neues Hobby zu suchen – zum Beispiel einen Garten! In der Erde zu buddeln, seine Pflanzen zu pflegen und Leckeres zu ernten ... Ja, genau hier liegt die Möglichkeit, total gute Laune zu bekommen. Mit den richtigen Kräutern, Gemüsen und Obstarten wird selbst das kleinste Fleckchen nämlich zum persönlichen Wohlfühl-Tempel. Die Gartenarbeit bringt zudem den Kreislauf in Schwung und spart somit auch mal das Fitnessstudio. Also, ran an die Gartenarbeit, sorry, das Gartenvergnügen!

Alles auf Rot! Bekanntlich sind Pflanzen grün. Aber es gibt da gewisse Farbstoffe, die Anthocyane, die dafür sorgen, dass Blätter, Stängel oder Früchte eine rote, blaue oder auch violette Tönung annehmen. Anthocyane gelten als Freie-Radikale-Killer und schützen unsere Zellen. Besonders hoch konzentriert sind diese sogenannten sekundären Pflanzenstoffe in dunkelroten, blauen und violetten Früchten. Na, kein Problem: In den Obst-Garten wandern deshalb zuerst einmal Heidel-, Brom- und Schwarze Johannisbeeren; im Gemüsebeet wachsen Rote Bete und Rotkohl. Auch dunkle Kirschen sind supergesund – zum Glück gibt es davon auch Zwerg- und Säulenbäume (> Seite 60), die sich für kleine Gärten oder Topfkultur eignen.

Eine echt harte Nuss! Man muss sie erst knacken, um an ihr wertvolles Inneres zu kommen. Dann aber wird man belohnt: mit gesunden Fettsäuren und einer Menge Vitamine. Unsere heimischen Nusslieferanten – Haselnuss, Walnuss, Buche (Eckern) – werden ziemlich ausladend. Von der Walnuss gibt es jedoch spezielle kleinbleibende Veredelungen. Am richtigen Standort sind Mandelbäume auch bei uns eine echte Zierde mit vielen Früchten. Exotische Arten hält man als Kübelpflanzen: Pekan- und Macadamianuss können den Sommer über nach draußen, während es die Cashewnuss ganzjährig warm braucht.

„AN APPLE A DAY ..." MIT EINEM HERZCHEN VERSEHEN, SCHMECKT ER DOCH GLEICH NOCH VIEL BESSER. EINFACH BEIM NOCH GRÜNEN APFEL EINEN HERZAUFKLEBER AUFSETZEN – KLAPPT ABER NUR BEI SORTEN, DIE ROT WERDEN!

FOREVER YOUNG

Diese nicht ganz alltäglichen Pflanzen sind wahre Jungbrunnen – sie wirken z.B. vitalisierend und immunstärkend.

Punarnava

(Verjüngungskraut) verträgt nur wenige Minusgrade. Die Blätter taugen für Tee oder Suppenwürze.

Noni

Die Früchte der Kübelpflanze (will nie kälter als 15 °C stehen) verarbeitet man zu Saft, aus den Blättern bereitet man einen Tee.

Gotu Kotula

Die Hängepflanze wächst im feuchten Schatten. Schon zwei Blätter täglich (roh oder als Tee) wirken beruhigend. Warm überwintern!

Jiaogulan

(„Kraut der Unsterblichkeit") hält einige Minusgrade aus. Aus den (frischen) Blättern der Rankpflanze braut man Tee.

Goji-Beeren

sind hart im Nehmen: Sie halten bis -25 °C aus. Die Schlingpflanze wird mehrere Meter hoch. Die Früchte eignen sich für Saft oder frischen Obstsalat.

Apfelbeeren

(Aronia) sind winterharte Sträucher mit schöner Herbstfärbung. Die vitaminreichen Früchte genießt man meist gekocht.

Aroniabeerensaft

Schmeckt super mit Wasser verdünnt oder zu Desserts!

Das braucht man: 750 g Aroniabeeren | 200 g weißer Kandiszucker | 200 g Zucker | 2 Flaschen

So wird's gemacht: Die Beeren waschen, verlesen, von den Stielen streifen und mit 250 ml Wasser in einem Topf zum Kochen bringen. Das Ganze zugedeckt ca. 10 Min. weich dünsten. Dann durch ein mit einem Tuch ausgelegtes Sieb passieren. Den Saft mit dem Kandis und dem Zucker erneut aufkochen lassen. Hat sich der Zucker gelöst, Sirup noch heiß in die Flaschen (je 350 ml) füllen. Gut verschlossen auskühlen lassen. Ungeöffnet bei kühler, dunkler Lagerung ist der Saft circa ein Jahr haltbar.

FALSCH

 SPINAT …

… enthält sehr viel Eisen? Nein! Der Irrtum beruht auf einem Rechenfehler der Experten.

 BRAUNE STELLEN …

… im Obst kann man mitessen – Besser nicht, da schon Schimmelpilze drinstecken. Bei festem Obst ausschneiden!

 SAUER MACHT LUSTIG …

… oder aber auch nicht: Als diese Redewendung entstanden ist, meinte man damit nämlich eher „Saures macht Lust auf mehr" – mehr Essen!

WAHR

GUTE SICHT …

… dank Karotten? Stimmt wirklich! Die Wurzeln enthalten viel Vitamin A und das ist wichtig für die Netzhaut unserer Augen.

GIFTIGE APFELKERNE

Stimmt ein bisschen, denn sie enthalten etwas Blausäure. Macht aber nix, wenn Sie oder Ihre Kinder ein paar davon verschlucken.

ÄPFEL LASSEN BLUMEN WELKEN …

… und anderes Obst schneller matschig werden. Das liegt am Reifungsgas Ethylen, das sie ausströmen.

Kinderleicht zum Elefantengedächtnis

Bereit für ein **Memory**-Spielchen? Wenn es mit dem Merken nicht so gut klappt, wären diese drei Pflanzen interessant. Sie helfen **Ihren grauen Zellen** wieder auf die Sprünge!

SPALTKÖRBCHEN

SCHISANDRA CHINENSIS

BRAHMI/FETTBLATT

BACOPA MONNIERI

HOLUNDER

SAMBUCUS NIGRA

Denkst du noch oder pflanzt du schon?

Dass unser Kopf nur funktioniert, wenn der Körper gut ernährt wird, ist klar. Gewisse Gewächse aber unterstützen unser Gehirn ganz besonders. Neben dunkelroten und blauen Früchten (enthalten Flavonoide) und Nüssen sind das auch Gemüse wie Sellerie – oder die Karotte. Die Geheimwaffe der Wurzel soll Luteolin heißen, ein gelber Pflanzenfarbstoff. Der ist aber, wie Vitamin A, schlecht wasserlöslich. Deshalb bereitet man die Rüben immer mit etwas Fett zu. Ähnlich effektiv soll Salbei sein: Wer die Blätter immer mal wieder als Würze ins Essen streut oder einen Salbeitee trinkt, kann sich Dinge besser merken. Aber bitte nicht täglich in Massen verzehren, die Wirkung von Heilpflanzen kann sonst auch ins Gegenteil umschlagen! Ein anderes wohltuendes Kraut ist die Perilla oder Shiso. Noch dekorativer als die grünen Sorten sind die mit rot gewelltem Laub ('Rote Auslese') oder mit roter Blattunterseite ('Britton').

Merk's dir! Und dann gibt es noch die drei Wunderwaffen aus unserem Memory: Vom Schwarzen Holunder (*Sambucus nigra*) kann man etwa ab August die dunklen Beeren pflücken und daraus einen Saft (> Seite 47) kochen. Für den Garten bieten sich die kleiner bleibenden buntlaubigen Varianten wie 'Black Beauty' (rote Blätter) oder 'Aurea' (gelb) an. Brahmi (*Bacopa monnieri*) ist ideal für eine Blumenampel; man braut sich daraus z.B. einen Tee. Die getrockneten Früchte des schlingenden Spaltkölbchens (*Schisandra chinensis*) gibt man ins Müsli.

DIY

Stoff-Memory

Das braucht man: Stoff für Vorderseite und Rückseite, Schere, Garn, Nadel oder Nähmaschine, Stricknadel oder Holzstäbchen

So wird's gemacht: Quadrate aus beiden Stoffen schneiden (ca. 6 x 6 cm) und immer eine Vorder- und eine Rückseite rechts auf rechts aufeinanderlegen. Knappkantig absteppen, bis auf eine Seite, die als Wendeöffnung (ca. 2 cm) offen bleiben muss. Alle vier Ecken abschneiden. Stoffquadrat wenden; die Ecken mit Stricknadel oder Holzstäbchen nach außen drücken. Noch mal knappkantig rundherum steppen.

Total im Stress? Nicht mit uns!

Starke Nerven dank Pflanzenkraft – das funktioniert wirklich. Etwa mit Kamille, vor allem mit ihren Blüten. Sie wächst nur auf kargen Böden, weshalb man sie meist in der Natur, z.B. auf Schuttflächen, findet.

Auch Baldrian und Hopfen sind als Beruhigungskräuter bekannt. Wer sie nicht gerade als Tee trinken will, kann sie als Badezusatz nutzen. Im Garten kann man den kletternden, einjährigen Hopfen als Sichtschutz verwenden. Und als Deko im Herbst!

Angespannt? Dagegen helfen auch Zitronenmelisse und Lavendel. Und wenn man richtig schlecht drauf ist, gibt es noch das Johanniskraut.

KLICK MAL DA!

HEILKRÄUTER ODER WÜRZPFLANZEN ZU EINEM BESTIMMTEN THEMA — ETWA „LIEBESZAUBER" ODER „ANTI AGING" — FINDET MAN Z.B. BEI KRAEUTER-UND-DUFTPFLANZEN.DE, KRAEUTER-DES-LEBENS.DE ODER SYRINGA-PFLANZEN.DE GANZ PRAKTISCH MIT MEHREREN ARTEN IM PAKET.

Du, die Wanne ist voll! Sich beim Bad in beruhigenden Kräutern wohlig zurücklehnen und relaxen ... super, denn: Pflanzen wirken in warmem Wasser noch besser. Am unkompliziertesten ist es, die frischen oder getrockneten Blätter bzw. Blüten direkt ins warme Wasser zu geben – und schon wehen uns deren ätherischen Öle um die Nase, während die Inhaltsstoffe über unsere Haut einziehen. Eine andere Variante, die sich toll zum Verschenken eignet, ist Badesalz. Es sorgt dafür, dass dem Körper beim Bad weniger Salz entzogen wird – man sieht faltenfreier und jünger aus. Selbst gemacht ist es schnell: Mischen Sie Totes-Meer-Salz mit duftenden getrockneten Blüten, z.B. von Lavendel oder Rose, oder Blättern.

Probleme sind Schall und Rauch. Ätherische Öle kann man auch über Duftlampen genießen. Sogar in Eigenkreation: getrocknete Pflanzenteile in geruchlosem Öl aufkochen, in dunkle Fläschchen (genügt, da die Mischung nicht lange haltbar ist) abfüllen und erst mal eine Woche ruhen lassen. Viel einfacher gelangt man an das Innerste eines Krauts, wenn man es verräuchert – entweder auf spezieller Räucherkohle oder einem Räucherstövchen.

Richtig einseifen. Kinderleicht ist auch das Herstellen von Duftseife: neutrale Seife mit der Küchenreibe klein hobeln, frische oder getrocknete Pflanzen untermischen. Fertigen Kräuter- oder Blütentee aufbrühen, abkühlen lassen und zugeben – so viel, dass man die Masse wieder zusammenkneten und nach Belieben formen kann.

Ein Bad im Grünen ... mit den richtigen Kräutern im Wasser ist man danach die Ruhe selbst!

1

2

3

4

Einpflanzen muss man sie alle – ob selbst gezogene oder gekaufte Pflanzen. Bleibt nur noch die Frage: Sollen sie **ins Beet** oder **in den Topf**?

Alles muss raus! Im Frühling geht's richtig rund im Nutzgarten: Pflanzzeit! Beete werden mit der Grabegabel und eingearbeitetem Kompost vorbereitet, damit der Boden schön krümelig und locker ist. Für die Jungpflanzen hebt man im Beet mit einer Handschaufel ein entsprechend großes Loch aus. Üblicherweise setzt man Kräuter und Gemüse genau so tief ein, wie sie vorher standen. Einige Ausnahmen gibt es: Kopfkohl, Porree, Tomaten oder Gurken sollte man tiefer eingraben. Bei Obstgehölzen orientiert man sich an der Veredelungsstelle (verdickter Bereich unten am Stamm); sie muss eine Handbreit über der Erde bleiben. Wurzelware – Gehölze ohne Ballen – gibt's nur in der laubfreien Zeit. Immer gilt: Pflanze einsetzen, Loch mit Erde auffüllen, leicht andrücken und gut angießen.

Auf Durchzug schalten. Sollen die Pflanzen im Topf wachsen, spielen die Gefäße eine entscheidende Rolle. Im Prinzip kann man alles verwenden, was man so findet – wenn das Ding über Abzugslöcher am Boden verfügt. Nichts ist schlimmer für Topfpflanzen, als wenn ihre Füße auf Dauer im Nassen stehen. Zusätzlich hilft es, vor der Erde eine Schicht Kies oder Blähton auf den Boden des Topfes zu füllen. Als Erde verwendet man spezielle Gemüse- oder Kräutersubstrate oder mischt diese mit Gartenerde. Sehr wichtig ist auch die Topfgröße bzw. -tiefe: Mit Balkonkästen kommen z.B. Radieschen, Asia-Kohl und Schnitt-salat klar, während Tomaten, Brokkoli oder Zucchini mehr Erdvolumen benötigen. Die Erde füllt man nicht bis ganz an den oberen Rand, sonst schwappt beim Gießen leicht was drüber.

1. Ein alter (oder neuer) Blecheimer tut's auch – zumindest, wenn man ihm mit der Bohrmaschine ein paar Abzugslöcher verpasst.

2. Auf den Boden kommt eine wenige Zentimter dicke Drainageschicht (hier aus Kies). Dann füllt man die Erde ein. Die Kiesschicht macht den Topf übrigens auch standfester und man verbraucht bei sehr tiefen Gefäßen weniger Erde.

3. Ob gekauft oder selbst gezogen: Die Jungpflanzen sollten einen gut durchwurzelten Ballen haben.

4. Die frische Erde im Topf ist schön locker, da braucht man keine Pflanzschaufel. Einfach mit der Hand ein kleines Loch graben, um die Pflanzen einzusetzen, leicht andrücken, gießen – fertig!

5. Töpfe aus Papier und Zellulosegemisch, die man beim Vorziehen der Pflanzen verwendet, verrotten später im Boden. Sie werden mit eingepflanzt.

6. Setzt man Pflanzen in den Beetreihen nebeneinander auf Lücke, bekommt man mehr unter. Aber: Aus der Reihe tanzen kann auch super aussehen, etwa, wenn man bunte Salate in Spiralen anordnet. Pflanzlöcher mit der Handschaufel ausheben, Pflanze reinsetzen, Erde andrücken und angießen.

7. Direkt in den Erdsack pflanzen funktioniert auch, etwa mit Salat, Tomaten und Erdbeeren.

8. Im Hochbeet kann man Gemüse früher und länger anbauen – die wärmende Füllung aus verrottenden Materialien macht es möglich.

Vitaminbomben
BEEREN & CO.

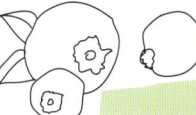

Pflück mich! Nichts lieber als das – aber erst mal müssen die leckeren Früchtchen, um die es hier geht, bzw. die Gewächse, an denen sie baumeln, gepflanzt werden. Sollte aber kein Problem sein, denn alle offiziellen und inoffiziellen Beeren (Erdbeeren etwa sind eigentlich Sammelnussfrüchte) passen in kleine Gärten oder sogar auf den Balkon.

<u>Eine pfiffige Planung</u> ist trotzdem oder gerade deshalb angesagt. Bringt ja nichts, wenn die Beeren alle auf einmal reif sind und in den anderen Wochen Leerlauf herrscht. Also: Sorten so wählen, dass man sie schön hintereinander pflücken kann. Nehmen wir mal die Johannisbeere: Wer Platz für drei Exemplare hat, nimmt z.B. die roten 'Telake' (Ernte ab Juni) und 'Rondom' (Ende Juni) sowie die schwarze 'Titania' (Mitte Juli). Beerensträucher mögen es sonnig und einen lockeren Boden – aber viele wachsen auch im Halbschatten wie Stachel-, Heidel-, Erd-, Brom- und Himbeere.

Beerensmoothie

<u>Das braucht man:</u> eine Handvoll Beeren (z.B. Erd-, Him- oder Heidelbeeren) | 100 g Natur-, Frucht- oder Vanillejoghurt | 150 ml Fruchtsaft (z.B. Multivitaminsaft)

<u>So wird's gemacht:</u> Die Beeren sollten reif und ohne Druckstellen sein. Zuerst einmal werden sie geputzt und gewaschen. Dann in einen Mixer geben. Den Joghurt und Fruchtsaft zugeben, alles pürieren. Wer's süßer mag, träufelt etwas Honig ein. Probieren Sie alternativ statt Joghurt auch Buttermilch oder weitere Zugaben wie Kräuter, Leinsamen oder Gerstengras.

Spart Platz!

BÄUMCHEN STATT BUSCH: JOHANNIS- UND STACHELBEERE GIBT ES AUCH ALS HOCHSTÄMMCHEN — SUPER BEI WENIG PLATZ, DA MAN DIE FLÄCHE DRUNTER NOCH NUTZEN KANN (Z.B. MIT WALD-ERDBEEREN!). UND ES GIBT „TRIOTÖPFE", DA WACHSEN DREI SORTEN IN EINEM TOPF.

GIB MIR SAURES!

STACHELBEEREN

gibt's mit und ohne Dornen (die Zweige, nicht die Früchte!). Ernte: Juni bis August. Sortentipps: 'Reverta' (grün), 'Redeva' (rot).

KIWIS, die großen (bekannten), werden bei uns nicht immer reif. Besser sind Mini-Kiwis, die man mitsamt Schale essen kann. Ernte: Oktober. Sortentipp: 'Issai'.

JOSTA ist eigentlich eine Sorte der Jochel-beere (gekreuzt aus Stachelbeere und Schwarzer Johannis-beere). Ernte: Juni/Juli.

UAH, DAS PRICKELT!

JOHANNISBEEREN

Die roten sind besonders sauer! Wer's milder mag, nimmt weiße. Ernte: Ende Juni bis Anfang August. Sortentipps: 'Blanka' (weiß), 'Rovada' (rot), 'Titania' (schwarz).

PHYSALIS

heißen auch Kapstachelbeeren. Sie schmecken nicht wirklich sauer, sondern einfach speziell und lieben es warm! Ernte: August bis Oktober.

SÜßE VERSUCHUNG!

BROMBEEREN

Kletterer mit meterlangen Trieben – mit oder ohne Stacheln. Ernte: Juli bis Oktober. Sortentipp: 'Arapaho' (große Früchte).

HIMBEEREN

Es gibt rote, gelbe und sogar schwarze, im Sommer und im Herbst reifende. Sortentipps: 'Golden Bliss' (gelb), 'Autumn Bliss' (rot).

OH, SO SWEET!

HEIDELBEEREN

Kultursorten (z.B. 'Duke' oder 'Bluecrop') reifen zwischen Juli und September. Nicht in Kalkboden pflanzen!

FEIGEN können auch bei uns reifen! Oft nicht im gleichen Jahr, in dem sie entstehen, sondern in dem darauf – man muss sie nur über Winter schön warm halten. Sortentipp: 'Violetta'.

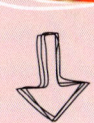

ERDBEEREN

Kleine Walderdbeeren sind die süßesten! Ernte: Mai bis Juli (einmal tragende, z.B. 'Lambada'), August bis Oktober (mehrmals tragende, z.B. 'Ostara').

Beerenkonfitüre

Das braucht man:
1 kg frische Beeren (z.B. Erd-, Him- oder Brombeeren) | Gelierzucker

So wird's gemacht: Die Früchte putzen und waschen, dann in einem Topf pürieren. Mag man kleinere Stücke in der Marmelade, dann einen Teil nur klein schneiden. Gelierzucker unterrühren – je nach Produkt in der gleichen Menge (1:1) oder die Hälfte (2:1). Alles für ein paar Stunden ziehen lassen, dann erhitzen und gut vier Minuten sprudelnd kochen lassen. Sofort in heiß ausgespülte Twist-off-Gläser füllen. Experimentierfreudige geben auch mal Gewürze wie Chili oder Zimt dazu.

Rote Beeren soll man ...

Die Erdbeeren sind unter den ersten, die genannt werden, wenn es darum geht, was man selbst anbauen möchte. Für „normale" Erdbeeren (größere Früchte, einmaltragend) müssen Sie schon ganze Beete einplanen. Nach drei Jahren sind die Pflanzen ausgelaugt und es müssen neue – an anderer Stelle – her. Bei wenig Platz bieten sich mehrmalstragende Erdbeeren (kleinere Früchte) an. Oder Walderdbeeren: Da sie keine Sonne brauchen, kann man sie auch super zum Unterpflanzen nutzen.

Himbeeren sind mindestens genauso beliebt. Auch wenn sie oft recht wild wachsen, lassen sie sich mit einem Spalier gut bändigen. Und man kann die Himbeerhecke gleichzeitig als Abtrennung oder Sichtschutz nutzen, um Platz zu sparen. Vor allem Herbstsorten machen es uns einfach: Ernten kann man bis zum Frost, Schädlinge und Krankheiten sind kein Thema und der Schnitt ist kinderleicht – einfach im Frühjahr alle Triebe komplett entfernen.

So geht's!

Weg damit: Fruchtende Ruten von Frühsommer-Himbeeren schneidet man direkt nach der Ernte bodennah ab.

Weiße Blüten, rote Früchte – denkste! Es gibt nämlich auch Erdbeeren mit roten Blüten und weißen Früchten ('White Dream®')! Topfgärtner haben zudem die Wahl zwischen hängenden und kletternden Sorten. Bei wenig Platz sind mehrmalstragende von Vorteil!

ERDBEEREN VERMEHREN SICH FAST VON ALLEIN – SIE BILDEN AUSLÄUFER, AN DEREN ENDE SICH NEUE PFLÄNZCHEN BILDEN. DIE EINFACH ABTRENNEN, EINSETZEN – FERTIG!

Schokolade & Erdbeere – die mögen sich! Für die Muffins 260 g Mehl, 100 g Kakaopulver, 100 g Zucker, 1 EL Backpulver, 1 TL Salz, 150 ml Milch, 2 Eier, 2 EL Butter und 50 ml Öl verrühren. Bei 180 °C (Umluft) 20 Min. backen.

Frisch vom Baum

Jetzt was Kerniges! Beeren mal beiseite, es gibt ja auch noch „richtige" Früchte, wie Apfel, Birne, Kirsche und Co. Bis vor ein paar Jahren war deren Anbau für Stadtgärtner fast nur an einem Spalier möglich, also schmal und kleingehalten an der Wand. Sieht ganz hübsch aus, macht aber etwas mehr Arbeit, weil man die Äste regelmäßig und exakt schneiden muss. Nicht dass Sie nun denken, die anderen Obstbäume kann man einfach machen lassen. Keine Chance – ohne Schnitt (> Seite 86) gibt's nun mal weniger oder kleinere Früchte!

Frisch eingetroffen! Mittlerweile hat sich einiges getan im Obstgarten, und das vor allem für Balkongärtner. Fast alle Arten sind heutzutage im Kleinformat erhältlich, also als Zwerg- oder Säulenbaum oder mit einer schwach wachsenden Unterlage (Wurzel). Es spricht also nichts mehr dagegen, auch in der Stadt zum Obstbauern zu werden. Das hat ohnehin einen Vorteil: An eine warme Wand gekuschelt, fühlen sich sogar empfindliche Arten wie Aprikose oder Nektarine wohl. Und an diese warme Wand kann man jeden Topf rücken, also auch Zwerge und Säulen. Was Sie bedenken sollten: Viele Obstarten (z.B. Apfel und Birne) brauchen einen passenden zweiten Baum in der Nähe zum Befruchten!

Erst wenn sich zwei Apfelsorten lieb haben, gibt's viele Früchte!

DIY

Häkelfrüchte

Das braucht man: Häkelnadel (2–3), rotes und grünes Stickgarn, Stopfwolle oder Watte, Nadel und Faden

So wird's gemacht: **Kirsche:** mit rotem Garn 3 Luftmaschen (Lm) häkeln, mit einer Kettmasche (Km) zum Kreis schließen.
1. Rd: 8 feste Maschen (fM) um die Lm häkeln.
2. Rd: In jede zweite fM der Vorrunde 3 fM häkeln.
3. Rd: 1 fM in jede fM der Vorrunde häkeln.
4. Rd: In jede zweite fM der Vorrunde 2 fM häkeln.
5. bis 9. Rd: Wie 3. Rd häkeln.
Mit Stopfwolle/Watte Halbkugel straff füllen und abnehmen:
10. und 11. Rd: 1 fM in jede zweite fM der Vorrunde häkeln.
Faden abschneiden und durch verbleibende M ziehen.
Blätter: Mit grünem Garn 12 Lm häkeln. Für die erste Blatthälfte 2 fM in die erste Lm häkeln, 2 halbe Stäbchen (hStb), 6 Stäbchen (Stb), 2 hStb in die folgenden 10 Lm arbeiten, enden mit 2 fM in der letzten Lm. Die Arbeit um die Achse drehen und die 2. Blatthälfte gleich arbeiten, dabei in das 2. Maschenglied der Lm stechen. Weiterfahren mit ca. 15 Lm (Stiel). Den Stiel an die Kirsche nähen, Faden befestigen.

Gemeinsam
statt einsam
gärtnern!

Eigene Ernte – ja gerne! Alleine vor uns hin arbeiten – nein danke! Wir **lieben den Austausch** mit den Nachbarn und die Abwechslung.

Die eigene Scholle – hört sich gut an. Vor allem aber fühlt es sich gut an: dort in der Erde zu buddeln, auszusäen und einzupflanzen und natürlich zu ernten! Dabei haben wir gar keinen Garten – unsere Salatköpfe und Tomaten wachsen mitten auf dem Acker auf einer Parzelle, die wir von Frühjahr bis Herbst pachten. Das Prinzip heißt „Mietgärten" und wird in vielen Städten und von verschiedenen Betreibern angeboten. Bei uns wird das Feld mit einer Aussaat bereitet, wir müssen uns dann „nur noch" darum kümmern und dürfen irgendwann ernten. Eine Variante davon sind gemeinsame Projekte mitten in der Stadt, etwa die „Prinzessinnengärten" in Berlin oder „O'pflanzt is" in München. Wer dort mithilft, kann auch ernten.

Wie war das noch? Das Tolle bei uns: Auch wenn jeder seinen Bereich hat, findet man viele Gleichgesinnte, mit denen man sich austauschen kann. Wenn wir z.B. mal nicht weiterwissen, fragen wir die Kollegen von der Nachbarparzelle oder unsere „Vermieter". Die stellen auch Gartengeräte und Gießwasser. Gut, ein Acker ist nicht so idyllisch wie ein Schrebergarten – aber auf den hätten wir noch jahrelang warten müssen!

nasenkitzler

Einmal tief einatmen – jetzt müssen Sie dabei nur noch das richtige Kraut vor die Nase halten und schon geht's Ihnen blendend! Zum Beispiel Lavendel, der entschleunigend wirkt, Basilikum, das die Nerven stählt, oder Zitronenmelisse, sozusagen das „Om!" in Pflanzengestalt. Aber Kräuter können noch mehr: Ohne Schnittlauch, Petersilie und Co. wäre unser Essen nämlich ziemlich fade. Ofenkartoffeln ohne Rosmarin oder Saltimbocca ohne Salbei? Geht ja gar nicht! Na dann: Töpfe raus und alles, was Sie so brauchen, reinpflanzen.

Super, die sind ja schon fertig! Denkt man, wenn man sich im Supermarkt ein paar Kräutertöpfchen in den Wagen packt. Oft sind die Pflanzen aber turboschnell auf Höchstform getrieben und machen zu Hause ziemlich schnell schlapp. Robuster sind Pflanzen vom Gärtner. Man sollte sie aber schnell umtopfen in ein größeres Gefäß mit frischer Erde, am besten ein spezielles Kräutersubstrat. Dann entfalten sie erst ihr ganzes Potenzial. Erst recht, wenn sie auch noch schön blühen wie die blauen Lavendelrispen oder die bunte Kapuzinerkresse ...

Topf her und immer rein damit!

<u>Die volle Auswahl!</u> Für Kräuter eignen sich fast alle Gefäße, z.B. Tontöpfe, Ampeln oder Geflechtkörbe. Wichtig: Sie müssen ein Abzugsloch haben. Am besten füllt man zusätzlich vor der Erde noch eine Schicht Blähton ein, damit die Kräuter nicht nass stehen!

<u>Vorwiegend heiter</u> sollten die Aussichten für die gängigen Kräuter sein. Das liegt daran, dass viele, z.B. Salbei, Rosmarin oder Oregano, aus dem Mittelmeerraum stammen und es warm und sonnig mögen. Keine Panik: Bis auf Totalschatten werden auch weniger heiße Plätze toleriert. Oder Sie versuchen es mal mit Petersilie, Minze, Schnittlauch oder Melisse.

KLICK MAL DA!

SIE WOLLEN VIELE KRÄUTER AUF KLEINEM RAUM UNTERKRIEGEN? TADA — HIER KOMMT DIE LÖSUNG: EINE KRÄUTERPALETTE. UNTER WWW.GREENRABBIT.CO GIBT'S DAS PFIFFIGE REGAL (AUCH ALS SICHTSCHUTZ SUPER!) GLEICH FERTIG BEPFLANZT. UND NOCH MEHR IDEEN ...

NA, WEN HABEN WIR DENN DA?

BASILIKUM

KERBEL

ESTRAGON

OREGANO

KORIANDER

THYMIAN

GLATTE PETERSILIE

ROSMARIN

LORBEER

MINZE

ERDBEERMINZE

DILL

ZITRONENTHYMIAN

SALBEI

KRAUSE PETERSILIE

BASILIKUM: Nicht nur zu Tomaten lecker – es gibt ziemlich viele Sorten und Aromen! Bis auf 'African Blue' sind sie alle einjährig.

KERBEL: Schmeckt ein bisschen wie Anis und Petersilie in einem. Hübsche Blüten!

ESTRAGON: Der französische ist lieblicher als der russische. Winterhart sind beide!

OREGANO: DAS Pizzagewürz und blühen tut es auch noch schön! Probieren Sie es auch mal mit der gelblaubigen Sorte 'Thumbles'!

KORIANDER: Ist ein Muss in der Asia-Küche! Man nimmt die Blätter, Blüten oder Samen.

THYMIAN: Ob flache Polster oder kompakter Halbstrauch – das typische Aroma bleibt! Mit kleinen Varianten, wie Zitrone, Kümmel etc.

PETERSILIE: Glatte oder Krause? An den Blättern wirst du sie erkennen – aber auch am Geschmack: Die Glatte ist würziger.

ROSMARIN: Stattliche Sträucher mit Blättern, die an Nadeln erinnern. In kalten Gegenden besser als Topfpflanze halten!

LORBEER: Hält es im Kübel viele Jahre aus – wenn er im Winter frostfrei steht. Blätter und Beeren zupft man bei Bedarf ab.

MINZE: Es gibt Arten, die Menthol enthalten (z.B. Pfefferminze) und fruchtigere ohne (z.B. Erdbeerminze; auch › Seite 110).

DILL: Für den Topf weniger geeignet, weil er eine Pfahlwurzel bildet und sehr hoch wird. Man verwendet Blätter, Blüten und Samen.

SALBEI: Halbstrauch, der auch im Beet toll aussieht – vor allem mit Blüten! Die pelzigen Blätter kann man vielseitig verwenden.

Ich will mehr!

Wenn's weiter nichts ist ... einige Kräuter lassen sich recht leicht **durch Teilen vermehren.** Bei den verholzenden Arten gilt: Schere oder Messer nehmen und **ran an die Stecklinge!** Apropos Schere: Die brauchen Sie auch mal für den Rückschnitt. Das war's dann aber schon an Pflege.

So geht's!

So geht's: Eine fingerlange Triebspitze (hier vom Rosmarin) abschneiden. Wichtig ist ein glatter Schnitt. Untere Blätter abstreifen, den Steckling in Bewurzelungspulver tauchen und in einen Topf mit Vermehrungserde stecken. Eine übergestülpte Plastikhaube (für hohe Luftfeuchte) regt zur Wurzelbildung an.

KRÄUTER TEILEN: DEN WURZELBALLEN EINFACH IN STÜCKE SCHNEIDEN ODER AUSEINANDERZIEHEN UND WIEDER PFLANZEN. DAS KLAPPT BEI SCHNITTLAUCH, MINZE UND THYMIAN (ABB.).

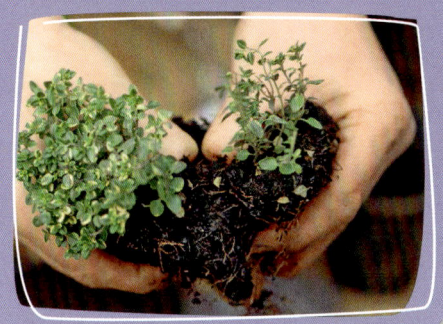

Das bisschen Pflege schafft sich von allein – na ja, fast! Erst mal ein paar Basics: Es gibt einjährige und mehrjährige Kräuter. Zu ersteren gehört z.B. Basilikum. Heißt, er wird ausgesät und abgeerntet und ausgesät und abgeerntet usw. Die mehrjährigen Kräuter unterscheidet man wiederum. Darunter sind welche mit krautigen Stängeln wie Schnittlauch oder Zitronenmelisse: Diese kappt man im Frühjahr, wenn die neuen Triebe erscheinen, komplett knapp über dem Boden.

Gut Holz! Andere dagegen bilden holzige Triebe, z.B. Rosmarin, Lavendel oder Salbei. Diese verholzenden Halbsträucher sollte man regelmäßig zurückschneiden, sonst werden sie sparrig, blühfaul und verkahlen von unten – kein schönes Bild! Lavendel ist ein super Beispiel dafür: Damit er in Form bleibt, schneidet man direkt nach der Blüte alle Blütentriebe ab. Im Frühjahr darauf schnippelt man dann noch ein bisschen mehr weg – aber die Stängel sollten schon noch Blätter haben, wenn man damit fertig ist!

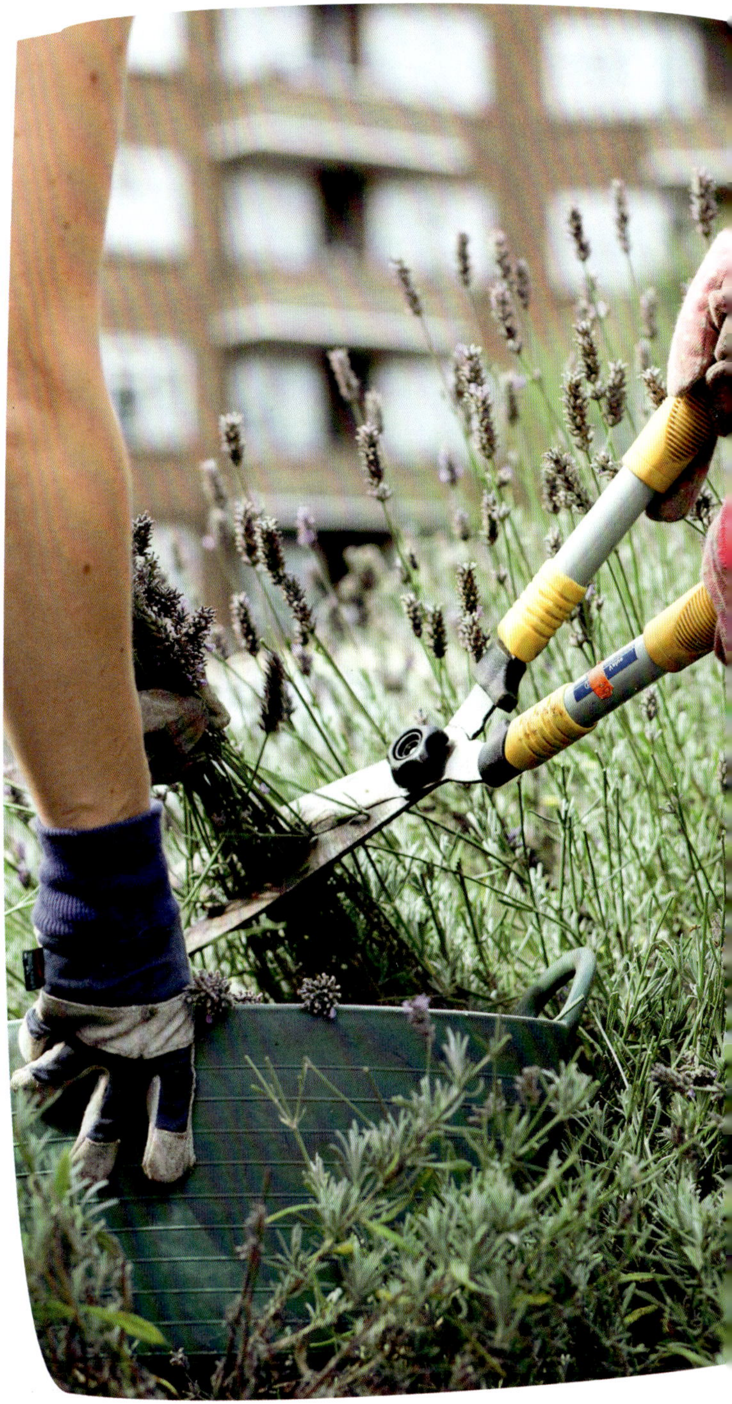

STRÄUSSCHEN BINDEN

Man muss die würzigen Pflänzchen nicht immer nur essen – wie gesagt, sehen einige davon ziemlich ansehnlich aus! Ein frisches Sträußchen aus Blüten und Blättern ist sozusagen die schnelle Alternative zum Duftsäckchen – mmmh!

KRÄUTERCOCKTAIL

Schnödes Leitungswasser wird mit ein bisschen Grün zum Lieblings-Durstlöscher: Zitronenmelisse oder Minze etwa geben diesen gewissen Hauch von Aroma. Und für Cocktails sind Kräuter eh unerlässlich!

DUFTE SÄCKCHEN

Aah – das tut gut, so ein bisschen Frischeduft im Kleiderschrank oder Auto! Dazu zuerst mal aus Stoffresten, z.B. aus Baumwolle oder Leinen, ein Beutelchen nähen. Dieses mit getrockneten Kräutern füllen. Ein Band dient als Verschluss und Aufhänger zugleich.

KRÄUTERSALZ

So geht's: Gewünschte Kräuter trocknen (Sonne, Heizkörper, Ofen), mit den Händen klein rebeln und mit Salz mischen. Genauso lecker: Zucker, z.B. mit Lavendelblüten. Wichtig: Pflanzen immer trocknen, sonst gibt's Klumpen!

RICHTIG ERNTEN

Damit man das volle Aroma genießen kann, sollte man die Blätter oder Blüten an einem sonnigen Tag, so gegen Mittag, abzupfen oder abschneiden. Bei einigen Arten wie Basilikum oder Minze leidet der Geschmack während der Blütezeit – sie werden z.B. bitterer. Essen kann man sie noch, wenn man mag!

INS TROCKENE BRINGEN

Eine Möglichkeit, seine Würzpflanzen haltbar zu machen: abschneiden, Stängel zu Sträußchen binden und kopfüber an einem schattigen, luftigen, warmen Platz aufhängen.

KRÄUTERBUTTER

Wer damit anfängt, kann nicht mehr aufhören! So geht's: Butter außerhalb des Kühlschranks weich werden lassen. Kräuter fein hacken, zur Butter geben, evt. Salz und Pfeffer dazu, alles vermischen und wieder fest werden lassen.

HOME MADE

Was aus kräutern werden kann!

ROSMARIN-SALZ

SALBE-KNOBLAUCH SALZ

THYMIAN-ZITRONEN SALZ

Gießen & Düngen

Pflanzen haben Durst, das ist klar. Aber außer **Wasser** brauchen sie auch genug Nährstoffe, sprich **richtig guten Dünger**!

Wasser marsch! „Laufen lassen" gilt schon beim Aussäen oder Einpflanzen. Später heißt es „gießen", damit die Pflanzen nicht schlappmachen. Entscheidend ist dabei das „Wie": Samen und zarte Triebe wässert man mit einer feinen Brause, einen frisch eingesetzten Obstbaum schlämmt man dagegen richtiggehend ein. Normalerweise kommt aber einfach eine Kanne ohne Aufsatz oder ein Schlauch (evt. mit Gießgerät) zum Einsatz. Der Wasserstrahl wird direkt an die Basis der Pflanzen gerichtet, man gießt nie über die Blätter! Und nicht in den heißen Mittagsstunden, da sonst viel zu viel verdunstet. Hat Ihr Leitungswasser einen zu hohen Kalkgehalt, lassen Sie es einfach in der Gießkanne bis zum nächsten Mal stehen. Dann setzt sich der Kalk ab und es ist wohltemperiert.

Grundnahrungsmittel. Neben Flüssigem brauchen Obst, Gemüse und Co. Nährstoffe und Vitamine, also Dünger. Statt auf mineralische (chemische) greift man im Nutzgarten besser auf organische Präparate zurück. Dazu zählen z.B. reifer Kompost und Hornspäne. Kompost kann jeder selbst „herstellen": Dazu braucht man organische Abfälle, wie rohe Gemüsereste, Kaffee-satz oder Eierschalen und Pflanzenreste, die in jedem Haushalt anfallen. Man sammelt sie im Garten oder in einem Wurmkom-poster (auf dem Balkon); Mikroorganismen wandeln sie in gut gedüngte Erde um. Ähnlich wirksam sind selbst gemachte Kräuterbrühen. Zum Beispiel stärkt ein Kaltwasserauszug aus Kräutern wie Beinwell, Brennnesseln oder Schachtelhalm die Pflanzen und wirkt als Dünger und Pflanzenschutzmittel.

1. Angießen gilt im Beet wie im Topf. Nicht zu forsch und auf jeden Fall mit Brauseaufsatz vorgehen! Man wässert einmal durchdringend, also so lange, bis Wasser aus den Abzugslöchern herausrinnt.

2. Kräftigere Pflanzen kann man auch mit einem entsprechend stärkeren Strahl gießen.

3. Eine Gießrinne oder ein Gießrand, also ein Graben mit Wall darum, sorgt dafür, dass das Wasser direkt im Wurzelraum der Pflanzen versickert.

4. Flaschenpost? Nein – die zweite Möglichkeit, direkt an die Pflanze zu gießen und dabei kein Laub zu benetzen: Den Boden einer Plastikflasche abtrennen und sie kopfüber (ohne Deckel) in den Boden stecken. Das Wasser in die Flasche gießen.

5. Gleich beim Einpflanzen gibt man organischen Dünger dazu, weil es etwas dauert, bis er wirkt. Am besten flach in die Erde einarbeiten!

6. Flüssigdünger, auch organischer, ist generell schneller für die Pflanzen verfügbar. Man gibt ihn richtig dosiert (siehe Packung) ins Gießwasser.

7. Kompost entsteht, indem man u.a. rohe Küchenabfälle und anfallendes Schnittgut schichtet. Mikroorganismen machen daraus gedüngte Erde.

8. Für einen Kräuterkaltwasserauszug lässt man 500 g Pflanzen in 5 Liter kaltem (Regen)Wasser 1–3 Tage ziehen. Durchsieben, 1:10 verdünnt wöchentlich als Flüssigdünger verwenden (nicht die Blätter benetzen). Kühl und dunkel lagern.

Pflanzen, die ganz nach oben wollen!

Senkrechtstarter

Und wie ist die Luft da oben? Fragen Sie doch mal Ihre Bohnen, Gurken, Zucchini, Melonen, Kürbisse oder Erbsen – die freuen sich nämlich, wenn sie an die Decke gehen können. Schließlich scheint die Sonne da oben noch ein bisschen mehr. Und abgesehen von den Erbsen lieben diese Gemüse viel Wärme. Die Konkurrenz ist auch nicht so groß wie am Boden. Vor allem für Balkon- und andere „Kleingärtner" sind die Kletterkünstler eine gute Wahl: Statt viel Platz zu verbrauchen, machen sie sich dünne und geben dabei oft einen tollen Sichtschutz ab.

Wie im Wilden Westen. Man kann sie ebenso für andere dekorative Elemente nutzen. Etwa ein Stangenbohnen-Tipi: Dafür nimmt man mehrere, gut 2 m lange Bambusstäbe und steckt sie in gleichmäßigem Abstand in den Boden, sodass sich eine runde Grundfläche ergibt. Am oberen Ende alles zusammenfassen und mit Band befestigen. Mit Schnüren oder weichen Zweigen Querstreben schaffen. Ab Mitte Mai fünf Bohnensamen pro Stange 2 cm tief in den Boden drücken. Soll das Tipi begehbar sein, die Grundfläche größer wählen. Die Früchte wachsen dann direkt in den Mund ... was nicht für Bohnen gilt – die sind roh giftig!

Gut gerüstet sind Klettergemüse mit der richtigen Rankhilfe. Für die Bohnen eignen sich stabile, gut zwei Meter lange Äste oder dicke, straff gespannte Schnüre. Für Kürbisse und Melonen sind letztere dagegen zu schwach – stattdessen kann man z.B. ausgediente Baustahlmatten oder andere Drahtgitter nutzen. Platziert man sie leicht schräg statt senkrecht, bekommen die Pflanzen bzw. Früchte noch mehr Sonne ab. Kleinmaschige Gitter halten zudem die schweren Früchte fest, denn Kürbis, Melone oder auch Zucchini können mit zunehmendem Gewicht die Triebe nach unten reißen oder sie zum Abbrechen bringen. Ohne Gitter behilft man sich mit kleinen „Hängematten", die man etwa aus einem Stück Schutznetz bastelt und am Klettergerüst befestigt. Erbsen können sich alleine nicht aufrecht halten. Man hilft ihnen mit senkrecht und dicht an dicht in den Boden gestecktem Reisig (das ist schön verzweigt und bietet den Pflanzen viele Festhaltemöglichkeiten) oder Maschendraht auf die Sprünge. Für alle Gerüste gilt: Früh anbringen, damit die Kletterkünstler gleich voll draufloswachsen können. Zu spät aufgestellt, kann man zudem die Triebe beschädigen. Und: Je schwerer die Früchte, desto stabiler sollte der Unterbau sein!

ANBINDEN MUSS SEIN, VON ALLEINE HALTEN SICH NUR ERBSE UND BOHNE RICHTIG AN DER KLETTER-HILFE FEST. VOR ALLEM DIE „SCHWERGEWICHTE" ZUCCHINI, KÜRBIS UND MELONE BRAUCHEN BEIM RANKEN ETWAS UNTERSTÜTZUNG. DAFÜR EIGNEN SICH GUMMIERTER GARTENDRAHT, JUTESCHNUR, KUNSTBAST ODER SPEZIELLE PFLANZENCLIPS.

Gurken

schmecken im Salat oder als Snack – vor allem **die kleinen zum Knabbern** (z.B. 'Ministars' und 'Picolino') sind gerade ziemlich beliebt. Moderne Sorten sind außerdem bitterstofffrei, samenlos und widerstandsfähig ('Dominica', 'Euphya', 'Sudica'). **Veredelte Gurken** sind ebenfalls besonders robust, aber auch teurer. Man findet sie als Topfpflanzen beim Gärtner.

Gurken mögen's kuschelig warm – am besten sind sie deshalb im Gewächshaus aufgehoben. Aber sie wachsen auch im Freien, nur nicht so schnell. Im April vorgezogene Pflanzen können Ende Mai nach draußen. Beim Gießen sollten die Blätter nicht nass werden – deshalb wässert man in einen in den Boden eingelassenen Topf. Tipp: Gurken früh ernten, dann bilden sich mehr neue Früchte!

HERZGURKE STICHT RUNDES RADIESCHEN: EINE KUNSTSTOFF-SPEZIALFORM MACHT'S MÖGLICH, DASS DIE FRÜCHTE SICH SO DEKORATIV VERFORMEN UND JEDES BUTTERBROT AUFWERTEN. SCHABLONE UM DIE NOCH KLEINE GURKE LEGEN, ZUSCHRAUBEN – UND ABWARTEN ...

Kleiderbügel-Rankgitter

DIY

Das braucht man: Drahtkleiderbügel (je vier Bügel ergeben ein Quadrat), Kabelbinder (acht pro Quadrat)

So wird's gemacht: Vier Drahtkleiderbügel zu einem Quadrat legen, dabei zeigen die geraden Seiten nach außen. Um ein schönes Muster in der Mitte zu erhalten, achten Sie darauf, dass die Haken alle in die gleiche Richtung zeigen. Die Bügel an den vier Ecken jeweils mit einem Kabelbinder und die Haken in der Mitte mit vier Kabelbindern zusammenhalten – fertig ist das erste quadratische Element.
Verbindet man mehrere Quadrate mit Kabelbindern an den Eckpunkten, kann man beliebig große Rankgitter herstellen. Für die Stabilität wird es mithilfe von kleinen Haken und Kabelbindern in einen Holzrahmen montiert.

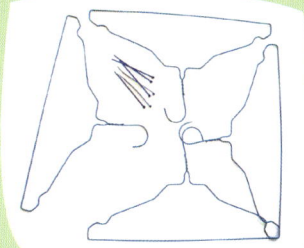

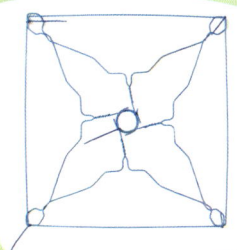

Guck mal, wer da klettert!

Erbsen Lange Ranken (bis zu zwei Meter) bilden vor allem alte Sorten. Es gibt Markerbsen, die man in der Regel frisch verwendet, Schal- oder Palerbsen, die man eher trocknet, und die Zucker-erbsen, die man komplett mit Hülse isst.

Zucchini wachsen fast von alleine – wenn Wasser und Nährstoffe gleichmäßig fließen! Die Früchte klein ernten, so werden sie nicht zu schwer und schmecken besser. Sortentipps: 'Black Forest' (lange Triebe), 'Floridor' (gelb, rund).

Inkagurken bilden mehr als fünf Meter lange Ranken, die man gut als Schattenspender nutzen kann. Die manchmal stacheligen Früchte schmecken am besten walnussgroß. Auch die Blätter kann man essen! Für warme Südseiten.

Melonen gibt's nur im Supermarkt? Ab jetzt nicht mehr! Am Erfolg versprechendsten sind Zuckermelonen. Sie müssen schön warm und windgeschützt stehen. Sortentipps: 'Orange Beauty' (kleine Früchte), 'Carribean Gold' (hoher Ertrag).

Kürbisse gibt es in ziemlich vielen Farben und Formen. Wie die Zucchini, ihre Verwandten, pflanzt man sie erst Mitte Mai ins Freie, vorher ist es ihnen zu kalt. Kürbisse brauchen sehr viele Nährstoffe und einen sonnigen Platz. Große, schwere Früchte mit einem Netz abstützen.

Stangen-Bohnen sind seeehr wärmebedürftig (eine Ausnahme ist die Feuerbohne) und dürfen erst Mitte Mai ins Beet. Busch-Bohnen sind weniger empfindlich. Geerntet wird ab Juli; Hülsen, die groß genug sind, pflückt man alle zwei Tage. Auch die Kerne kann man übrigens ausreifen lassen und kochen. Sortentipps: 'Neckargold' (gelbe Schoten), 'Blauhilde' (blau), 'Borlotti' (rot gesprenkelt, Busch-Bohne).

Scharfmacher

→ <u>Das ist doch zum Heulen!</u> In der Tat, es gibt eine Menge heiße Sachen aus dem Garten, die einem schon mal die Tränen in die Augen treiben können: Zwiebeln, Radieschen und (Meer)Rettich etwa gehören dazu. Und dann gibt es da noch die Chilis. Einige Sorten – und davon gibt's viele! – sind geschmacklich fast so „langweilig", also mild, wie ihre große Schwester die Gemüsepaprika, die übrigens die gleichen Pflegebedürfnisse hat. Andere brennen schon beim Anfassen – wer den Saft ins Gesicht bringt, hat verloren! Chili-Schoten enthalten richtig viele Vitamine wie A, B und C sowie das verdauungsfördernde Capsaicin. Das ist auch schuld, wenn's brennt im Hals.

<u>Erst grün, dann rot</u> und manchmal orange, violett, weiß oder sogar schwarz. Chilis verändern, während sie reifen, immer ihre Farbe. Man kann es auch so sagen: Grüne Schoten (streng botanisch sind es Beeren) sind immer unreif. Essen kann man sie trotzdem, aber den Samen daraus sollte man nicht zum Aussäen verwenden.

<u>Manche mögen's heiß!</u> Chilis bevorzugen einen warmen sonnigen Standort. Die meisten Sorten lassen sich super auf dem Balkon oder sogar auf der Fensterbank ziehen, ihnen genügt z.B. ein Balkonkasten. Im Topf sind sie zudem mobil, wenn man sie bei kühlen Temperaturen kurzerhand auf die Fensterbank holen will. Wachsen die Pflanzen doch mal zu üppig, schneidet man sie einfach zurück, jeden Trieb immer oberhalb eines Blattknotens. Übrigens: Chili-Pflanzen können Sie problemlos überwintern. Das klappt sowohl im warmen hellen Zimmer wie auch etwas kühler (um 10 °C) und dunkler.

KLICK MAL DA!

WER ECHTE SPEZIALITÄTEN AUSPROBIEREN WILL, KAUFT NICHT EINFACH CHILI-SAMEN, SONDERN SPEZIELLE SORTEN. DA WEISS MAN, WAS MAN HAT! EINEN ÜBERBLICK UND SAATGUT FINDET MAN Z.B. BEI WWW.CHILI-SHOP24.DE, WWW. HOT-CHILI-SHOP.DE, WWW.SEMILLAS.DE.

Vom Samenkorn zur Schote

So geht's!

Wird es eng in Schale oder Topf, kommt man nicht drum herum, die Sämlinge bzw. die jungen Pflänzchen vorsichtig und ohne sie zu beschädigen herauszuheben und einzeln in Töpfe zu setzen.

Der frühe Vogel fängt den Wurm

oder: Nur wer früh genug aussät, kann am Ende auch etwas ernten. Das liegt daran, dass Chilis ziemliche Spätzünder sind. Erst zwei bis vier Monate nach dem Pflanzen – hängt auch von der Sorte ab – sind sie reif. Deshalb macht man sich schon in der Zeit von Anfang Februar bis Anfang März ans Werk und sät die Samen drinnen, im Warmen (und warm heißt hier wirklich gut wohnzimmerwarm) aus. Ein paar Wochen später kann man pikieren (> Seite 36). In den „richtigen" Topf oder ins Beet dürfen die Chilis erst Mitte Mai, wenn es mit der frostigen Zeit vorbei ist. Bis dahin sorgt man dafür, dass die Pflänzchen schön groß und stark werden und einen kräftigen Wurzelballen bilden.

Das braucht man (Abb. rechts):
Chili-Schoten, Schnur, Befestigungsmaterial (je nach Aufhängung, z.B. Nägel oder Haken), Wäscheklammern

So wird's gemacht: An einem (luft)trockenen und warmen, aber nicht sonnigen Platz eine Schnur spannen und befestigen. Chilischoten mit Wäscheklammern daran aufhängen – Stiel nach oben.

Das braucht man (Abb. links):
Chili-Schoten, Schnur, evtl. Nadel und Faden

So wird's gemacht: Drei bis fünf Schoten am Stiel zusammenwickeln oder mit einer Nadel auf einen stabilen Faden ziehen. Diese Grüppchen nach und nach an einer Schnur befestigen, sodass eine längliche Chili-Girlande entsteht, die man aufhängen kann.

Nach etwa sechs Wochen sind die Schoten getrocknet.

„KÖNIGSBLÜTE" NENNT MAN DIE ALLERERSTE BLÜTE, DIE AN DEN PFLANZEN ERSCHEINT, GANZ OBEN, WO SICH DIE TRIEBE GABELN. FRÜHER HIESS ES, MAN MÜSSE SIE AUSBRECHEN, DAMIT ES MEHR ZU ERNTEN GIBT. HEUTE WEISS MAN: ES MACHT KEINEN UNTERSCHIED!

SCHARF, SCHÄRFER, HÖLLISCH!

Chili ist nicht gleich Chili – das merkt man spätestens, wenn man reinbeißt ... also am besten immer ein Scheibchen Brot bereithalten!

'PAPA JOE'S SCOTCH BONNET' (10)

'BILLY GOAT' (10)

'HABANERO RED SAVINA' (10)

'BIRDEYE' (8)

'AJI BROWN PICANTE' (7-8)

'DE ARBOL' (7)

'FIREFLAME' (6)

'JALAPENO' (5)

'CHILE POBLANO' (4)

'PIMENT D'ESPELETTE' (4)

'CHERRY' (1-5)

'ANAHEIM' (1-4)

'POBLANO' (1-3)

'CHILE DULCE MILFRUTO' (0)

STUFE 9 BIS 10+ = EXTREM SCHARF

STUFE 0 BIS 3 = MILD BIS MITTEL

STUFE 4 BIS 5 = SCHARF

STUFE 6 BIS 8 = SEHR SCHARF

> Auch Öl kann man mit Chili die richtige Würze geben!

Chicken Curry

Das braucht man: 1 EL Sesamöl | 2 Knoblauchzehen | 1 EL grüne Currypaste | 1 Dose Kokosmilch | 2 TL Fischsoße | 400 g Hähnchenfleisch | 2 Zitronengrasstängel | Chili (Anzahl je nach Schärfegrad) | Zuckererbsen (Menge nach Wunsch) | Thai-Basilikum

So geht's: Sesamöl in einer großen Pfanne erhitzen, den Knoblauch fein würfeln und darin anbraten. Currypaste zugeben, dann die Kokosmilch und alles köcheln lassen. Fischsoße und das in mundgerechte Stücke geschnittene Hähnchenfleisch hinzufügen. Zitronengrasstängel einritzen und in die Soße geben. Nach 3 Min. die Chili und nach 5 Min. die Zuckererbsen. Das Ganze noch ungefähr 3 Min. köcheln. Mit Thai-Basilikum bestreuen und mit Reis servieren.

> NEBEN CHILI WIRD FÜR ASIA-GERICHTE GERNE NOCH EIN ANDERES HEISSES GEMÜSE VERWENDET: WASABI! WER MAL WAS BESONDERES IN SEINEM TOPFGARTEN ZIEHEN WILL, SOLLTE ES MIT DEM ASIATISCHEN MEERRETTICH PROBIEREN. BIS DIE WURZEL SO WEIT IST, DAUERT ES ZWAR EIN PAAR JAHRE, BIS DAHIN KANN MAN MIT DEN BLÄTTERN SOSSEN WÜRZEN.

Pflege braucht jede Pflanze, die eine mehr, die andere weniger. Dazu zählen auch diverse Dinge, wie das **Zurechtstutzen oder Unkraut zupfen.**

Die Pflanzen sind im Boden und jetzt?

Einfach vor sich hin wachsen lassen is' nich'. Ein bisschen Pflege muss schon sein. Und wir sagen es gleich: Die meiste Zeit geht gar nicht für die Nutzpflanzen selbst, sondern stattdessen für ihre Konkurrenz drauf. Die Rede ist vom Unkraut – nicht nur das, was man landläufig so nennt, sondern alles, was nicht ins Beet oder in den Topf gehört und den „wichtigen" Gewächsen Licht, Luft, Wasser und Nährstoffe wegnimmt. Im Gemüsebeet siedelt sich unerwünschtes Grün schnell wieder an, weil der Boden offen ist. Dagegen hilft regelmäßiges Hacken. Das sorgt auch dafür, dass weniger Wasser verdunstet und Gieß- oder Regenwasser optimal aufgenommen wird. Aber: Nur flach im Boden arbeiten, sonst keimen untergetauchte Unkrautsamen besser!

Was für ein Durcheinander! Aber ein gewolltes! Denn

eine Möglichkeit, ein erfolgreicher Gemüsegärtner zu werden, ist die Mischkultur: Einige Pflanzen spornen sich nämlich, wenn sie dicht nebeneinanderwachsen, gegenseitig zu Höchstleistungen an oder halten gar Schädlinge voneinander ab, während sich andere gar nicht guttun. Ein Erfolgs-„Pärchen" sind z.B. Zwiebeln und Möhren, zwei, die sich weniger mögen Salat und Sellerie. Bei der Mischkultur pflanzt man immer eine Pflanzenart pro Reihe, so ergibt sich nebenbei ein schön abwechslungsreiches Bild. Bei Obstgehölzen sorgt man auf andere Weise für mehr Ertrag: durch einen regelmäßigen Schnitt. Bei Apfel, Himbeere und Co. fördert man so den Neuaustrieb von Zweigen, die Früchte tragen, und hält die Bäume und Sträucher fit und vital.

1. Unkraut zupfen: Ist der Boden schön locker und geht man regelmäßig durch, geht das einfach mit der Hand. Für hartnäckige Wurzelpflanzen wie Giersch, Löwenzahn, Hahnenfuß oder Quecke nimmt man einen Unkrautstecher zu Hilfe.

2. Warme Decke: Gemüse, das schon früh oder noch spät im Jahr draußen steht, legt man bei kühlen Temperaturen ein schützendes Vlies auf. Plastik-folien sollten nicht direkt auf den Blättern liegen.

3. Obststräucher lichtet man regelmäßig aus. Bei Himbeeren etwa entfernt man alle abgeernteten Ruten dicht über dem Boden (› Seite 58).

4. Spalierobst wie diese Birne wird jedes Jahr im Frühling und im Sommer in Form geschnitten.

5. Mischen möglich: Gemüse und Blumen passen super zusammen, vor allem, wenn sie sich so gut tun, wie Tomate und Tagetes. Letztere halten nämlich Schädlinge vom Paradiesapfel ab.

6. Mischkultur ist auch im Beet die halbe Miete: Setzen Sie reihenweise Arten nebeneinander, die sich im Wachstum begünstigen. Ein Klassiker ist der Erdbeer-Zwiebel-Mix.

7. Anbinden: Lange Triebe, z.B. von Stabtomaten oder Himbeeren, werden z.B. mit Gartenschnur an der passenden Rankhilfe befestigt (› Seite 75).

8. Lockern Sie den Boden öfters, z.B. mit einer Hacke oder einem Sauzahn. Durch die optimierte Durchlüftung wird Wasser besser aufgenommen.

KRÄFTIG ZIEHEN – UND DA
SIND SIE, DIE KAROTTEN!
SPITZEN UND ZU WITZIGEN
KRINGELN ODER RÖSCHEN
SCHNEIDEN KANN MAN SIE
MIT DEM „KAROTO"!

Unterirdisch

Von oben sehen sie ja ganz normal aus – da schauen auch bei Rote Bete & Co. Blätter raus.

Tief graben muss man, wenn man an sie ran will – denn bei diesen Gemüsen sitzt das Beste in der Erde. Dort, wo man bei anderen Pflanzen „nur" die Wurzeln findet. Bei Radieschen, Möhre und Co. hängt da noch mehr dran, nämlich eine sogenannte Rübe. Im Prinzip nichts anderes als eine besonders dicke Wurzel. Für die Pflanze ein wichtiges Speicherorgan, für uns Menschen eine echte Bereicherung des Speiseplans!

Mehr als nur Möhren! Dass Sie die kennen, davon geh'n wir mal aus. Und auch das Radieschen und den Rettich oder die Rote Bete. Aber wie sieht es mit Pastinake, Petersilienwurzel oder Mairübchen aus? Oder mit Schwarzwurzel, Herbst- und Steckrübe? Fragen Sie doch mal Ihre Oma! Die ist bestimmt im Bilde, denn diese Leckereien sind nur in Vergessenheit geraten. Lust auf ein bisschen Wiederbelebung in Ihrem Garten?

Zurück zu den Wurzeln: Während man einige Arten einmal, im Frühjahr, aussät, gibt es bei anderen frühe und späte Sorten (mehr dazu auf der nächsten Seite). Letztere lassen sich super lagern, und das, ohne dass Vitamine verloren gehen oder der Geschmack darunter leidet. Aufbewahrt werden sie am besten im kühlen Keller, in Holzkisten, die mit Sand gefüllt sind. Vorher aber immer die Blätter abschneiden! Für das kurzzeitige Frischhalten im Kühlschrank bietet es sich an, die Wurzeln in feuchte Tücher einzuschlagen.

Vor dem Essen steht allerdings die Ernte. Wer das Wurzelgemüse direkt ins Beet sät, wird beim Aufgehen mitunter feststellen, dass die Pflänzchen etwas dicht zusammenstehen. Gleich ausdünnen (> Seite 93), aber auch beim Ernten nicht komplette Reihen nehmen, sondern immer die größten Exemplare rausziehen.

WER SCHLÄGT DENN DA WURZELN?

Mild-süß, so schmecken die weißen, gelben oder lila Rüben nur im Frühjahr und Herbst. Ab Mitte März kann man aussäen, bis in den August.

Scharf sind sie, vor allem, wenn sie zu lange im Trockenen stehen. Säen kann man sie fast immer: Frühe Sorten ab Februar (abdecken!), Sommersorten von April bis Juni, späte Sorten bis August.

Knackig die kleinen, meist runden Snackrübchen sind turboschnell fertig, nämlich schon nach etwa vier Wochen! Ab März aussäen (Topf, Beet), bis September.

Delikat schmeckt es, das wiederentdeckte Gemüse, das es länglich und rund gibt. Säen Sie es ab März aus – mit der Ernte müssen Sie sich dann bis Oktober gedulden!

MAIRÜBCHEN

RETTICH

RADIESCHEN

PASTINAKE

Würzig und ein gutes Beispiel dafür, dass man nicht alleine nach dem Äußeren gehen sollte! Setzlinge erst im Mai ins Beet pflanzen, nicht zu tief. Ab Oktober erntereif.

Süß, diese Möhren! Es gibt lange schmale und kurze rundliche, frühe, mittelfrühe und späte Sorten, gelbe, weiße, violette und orangefarbene. Die Aussaatzeit geht von März bis Juli.

Erdig ist der Geschmack der roten, gelben, weißen oder rosa Rüben. Am besten erst im Mai aussäen, den letzten Schwung Ende Juni. Tipp: Mal ganz jung ernten („Baby Beets")!

Kräftig, ähnlich wie bei Sellerie, ist ihr Aroma. Ab März ins Beet säen, geerntet wird im Oktober und November. Auch die Blätter schmecken nach Petersilie.

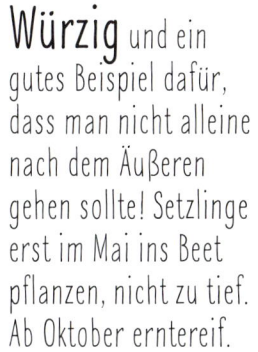

KNOLLENSELLERIE

MÖHRE

ROTE BETE

PETERSILIENWURZEL

Aus
dem Boden
direkt auf
den Tisch!

SOMEWHERE OVER THE RAINBOW

Sie heißen 'Bunte Farbpalette' oder 'Rainbow'-Mischung und sind regenbogenbunt, die Radieschen. Sieht doch mal viel weniger langweilig aus als immer nur rote Sorten. Im Salat. Auf dem Brot. Oder im Radieschenstrauß.

BLÄTTER ESSEN

Auch das Grünzeug von Wurzelgemüse schmeckt. Zumindest von einigen. Aus Radieschenlaub kann man z.B. ein Süppchen kochen. Kartoffeln und Zwiebeln dazu, mit Brühe und Sahne aufgießen.

MÖHRENMUFFINS

250 g Möhren fein reiben, mit Zitronensaft mischen. Mit 200 g Mehl, 1 Päckchen Backpulver und 150 g Nüsse (gemahlen) vermengen. 1 Ei, 150 g Zucker, 100 ml Öl und 200 g Saure Sahne verquirlen und unter die Möhren-Mischung heben. Bei 180 °C (Umluft) etwa 20 Minuten backen.

DRINNEN VORZIEHEN ...

... lohnt sich nicht bei jeder Wurzel. Besser sät man direkt ins Beet. Oder holt beim Gärtner Setzlinge. Die findet man von Rote Bete und Sellerie.

DUNKELROTES GEMÜSE ...

... ist, genau wie blaues und violettes, mal so richtig gesund. Das liegt an den Anthocyanen, das sind Farbstoffe, die Freie Radikale binden und so z.B. vor Krebs schützen sollen. Unser Tipp: Die Möhre 'Purple Haze'.

RINGELREIHEN

Nix „Rote Bete", bunt ist angesagt. 'Tondo di Chioggia' ist hübsch geringelt, 'Burpee's Golden' leuchtet gelb, 'Blankoma' weiß. Und die Farben der Rüben setzen sich auch in den Blättern fort.

ROH ODER GAR?

Sowohl als auch – gilt für fast alle Rüben. Nur Radieschen und Rettiche werden im Allgemeinen roh verzehrt. Für das Garen gilt: Je weniger Wasser Sie verwenden, desto mehr Vitamine bleiben dann im Gemüse drin!

DÜNNE MACHEN

Im Beet sät man Wurzelgemüse in Reihen aus. Sobald die Sämlinge zu sehen sind, sollte man sie ausdünnen. Das heißt, man zieht zwischendrin immer mal ein Pflänzchen raus, damit die anderen mehr Platz haben.

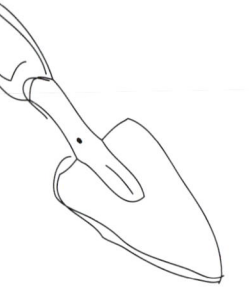

Riesenrüben – im Topf kriegt man das meist einfacher hin als im Beet. Warum? Wurzelgemüse braucht einen **lockeren, tiefgründigen Boden,** damit es schön groß und stark werden kann. Fertiges Gemüsesubstrat ist genau das – schön fluffig!

So geht's!

Radieschen sind die leichteste Übung! Für die runden Sorten braucht man nicht einmal einen besonders tiefen Topf; für andere Wurzelgemüse sollten es mindestens 25 cm sein. Den Topf mit Erde füllen, nicht ganz voll! Den Samen mit etwas Abstand auslegen und feine Erde drüberstreuen. Nur noch angießen – mit der Brause, sonst schwemmt man alles weg – und warten ...

Zu dicht gesät, bildet Wurzelgemüse keine Rübchen. Manchmal will man aber genau das, z.B. nur das Kraut von Mai- und Herbstrüben als Stielmus ernten. Oder man möchte die Blättchen der Roten Bete als Salat (> Seite 10) schneiden. Übrigens sind Radieschen auch beim Aufgehen der Samen die Flinksten. Man kann sie deshalb als Markiersaat für langsamere Kollegen wie Möhren nutzen, damit man diese nicht aus Versehen wieder aushackt.

Zum Fressen gern haben leider nicht nur wir die Wurzeln. Einige Fliegen fliegen mindestens ebenso auf Möhren, Sellerie und Pastinake. Genauer gesagt sind es ihre Maden, die sich durch die Rüben fressen. Das hilft: Zur Hauptflugzeit der Übeltäter (April bis August) deckt man die Pflanzen entweder komplett mit engmaschigen Netzen ab oder errichtet seitlich etwa 20 cm hohe Netzbarrieren.

FÜR DIE MARKIERSAAT SAMEN VON RADIESCHEN UND MÖHREN MISCHEN UND IN EINE REIHE STREUEN. DAS GRÜN DER RADIESCHEN ZEIGT SICH NACH WENIGEN TAGEN; BIS DIE MÖHREN PLATZ BRAUCHEN, SIND SIE GEERNTET!

Self-made-Saatband

Das braucht man: Toilettenpapier (zweilagig genügt), ein Ei, genauer gesagt das Eiweiß, Schere, Saatgut (z.B. von Möhren), evt. Pinsel

So wird's gemacht: Toilettenpapier aufrollen und in schmale Streifen, ca. 3 cm breit, schneiden. Die beiden Lagen vorsichtig voneinander trennen. Das Ei trennen. Mit einem Pinsel oder dem Finger das Eiweiß auf die eine Lage streichen. Schnell die Samen einzeln im Abstand von 3-5 cm darauflegen und mit der zweiten Lage Papier abdecken.

Anwendung: Im Boden (Abb. rechts oben) eine 2 cm tiefe Furche ziehen und das Saatband darin auslegen. Dann mit Erde abdecken und angießen.
Seltene Sorten findet man meist nur als lose Samen – bastelt man sich daraus ein eigenes Saatband, liegen die einzelnen Körner schon im genau richtigen Abstand darin fest – das ist superpraktisch bei der Aussaat!

Ich steh total auf Upcycling!

Wegschmeißen, nein danke: Lieber **werde ich kreativ** und bastle aus alten Sachen **was brauchbares Neues!**

⇨ Das war mal 'ne Wasserflasche – jetzt ist es mein Minigewächshaus! Damit hat alles angefangen. Hab ich irgendwo gelesen, ausprobiert – und war begeistert. Meine nächsten Plastikbehälter wurden zu Blumenampeln und neulich hab ich sogar gehört, dass jemand daraus ein komplettes Gewächshaus gebaut hat. Mich konnte jetzt jedenfalls keiner mehr bremsen: Die abgefahrenen Winterreifen wurden zu kleinen Hochbeeten umfunktioniert, das angelaufene Silbermesser zum Pflanzenetikett, die undichten Gummistiefel zum Salatbuffet und und und …

Eigentlich ist es Schrott, aber: eben nur eigentlich. Wir leben in einer Zeit, in der Unmengen an Abfall anfallen. Dagegen muss man doch etwas tun! Die beste Lösung: Nicht so viel Müll produzieren. Die zweitbeste: Das Alte zu etwas Neuem machen. Wer selber keine Idee hat, kann sich im Internet Tausende von Anregungen holen, einfach mal „upcycling" eingeben …

Zwiebeln & Co.
SCHICK IN SCHALE

Zum Wein(en) lecker!

Zwiebeln sind in leckeren Gerichten die meist ziemlich unsichtbaren Geschmacksverstärker: Ohne sie ist das Rührei fad, der Salat schmeckt langweilig und der Bratensoße fehlt das gewisse Etwas. Und auch das Schlückchen Wein wird erst mit einem Stück Zwiebelkuchen perfekt. Da nimmt man doch gerne in Kauf, dass man beim Zerschnippeln der scharfen Dinger meistens in Tränen ausbrechen muss.

Kleine Familienkunde: Neben der allseits bekannten Küchenzwiebel wären da noch die filigranere Schalotte und die wuchtige Gemüsezwiebel. Von anderem Schlag ist dagegen die Winterheckenzwiebel, nämlich winterhart und mehrjährig. Geerntet werden die Röhrenblätter.

Säen oder stecken? Das ist bei Küchenzwiebeln die Frage! Praktischer und schneller ist es, sie aus Steckzwiebeln zu ziehen, die man fertig kaufen kann. Im April drückt man sie im Abstand von etwa 4 cm (Reihenabstand 20 cm) in den lockeren Boden. Und zwar so, dass sie nur zum Teil mit Erde bedeckt sind.

Das schmeckt!

Zwiebelkuchen

Das braucht man: Teig: 200 g Mehl | 100 g Margarine | Salz | 1 Eigelb | 2 EL Eiswasser
Füllung: 250 g Schinkenspeck | 1 kg Zwiebeln | 200 g Saure Sahne | 2 Eier | Salz, Pfeffer | 200 g geriebener Käse

So wird's gemacht: Mürbeteig kneten, in Folie wickeln und kühlen. Speck in einer Pfanne auslassen, die fein gehobelten Zwiebeln zugeben und weich dünsten. Teig ausrollen und in eine Springform (Ø 26 cm) legen. Zwiebelmasse einfüllen. Sahne mit Eiern verquirlen, gut würzen, auf die Zwiebeln gießen. Käse drüberstreuen. Bei 180 °C ca. 40 Min. backen.

ZWIEBELERNTEN–EINMALEINS: SCHON FRÜH RUNDUM STROH AUSLEGEN (MULCHEN), SO VERDUNSTET WENIGER WASSER. WERDEN DIE BLÄTTER GELB ODER KNICKEN UM, ZWIEBELN AUS DEM BODEN HEBEN. BEI SCHÖNEM WETTER KANN MAN SIE DIREKT AUF DEM STROH AUSGELEGT TROCKNEN.

Woher kommen die Knoblauchzehen?

Wann pflanzen? Gesteckt werden die Zehen draußen am besten im September oder aber im Frühjahr (März). Die Alternative: im Winter (Dez./Jan.) vorziehen, dann haben die Pflanzen schon einen kleinen Vorsprung beim Auspflanzen.

Zum Vorziehen die Zehen einzeln 5 cm tief in kleine, mit Aussaaterde gefüllte Töpfchen drücken und schön warm und hell halten (nicht zu nass).

Ende März oder Anfang April ist es meist schon warm genug, damit die Pflänzchen draußen nahtlos weiterwachsen können. Dann können sie in einen größeren Kübel (unbedingt mit Abzugslöchern!) umziehen.

DAMIT ER SICH GUT LAGERN LÄSST, MUSS FRISCH GEERNTETER KNOBLAUCH SCHLEUNIGST GETROCKNET WERDEN. EINE MÖGLICHKEIT: HÄNGEN SIE DIE KNOLLEN KOPFÜBER IN EIN AUFGESPANNTES DRAHTGITTER. NATÜRLICH ÜBERDACHT! DAS KLAPPT ÜBRIGENS AUCH SEHR GUT MIT ZWIEBELN.

Das dauert! Knoblauch braucht etwas länger, bis er fertig ist. Der im Herbst gesteckte ist nach etwa acht Monaten (im Mai/Juni) erntereif, im Frühjahr gesteckter schon nach circa sechs Monaten (im August/September). Und er will beim Größerwerden seine Ruhe haben, weshalb er im Garten gerne im Staudenbeet oder zwischen den Erdbeeren wächst. Hat noch etwas Gutes: Viele Gärtner schwören darauf, dass die Zehen im Boden Wühlmäuse vertreiben. Was den Standort betrifft, liebt es Knoblauch schön warm, sonnig und nicht zu nährstoffreich.

Nicht aus dem Supermarkt sollte der Knoblauch sein, den man als „Saatgut" verwendet. Besser: Kaufen Sie spezielle Sorten wie 'Vallelado', 'Frolio' oder 'Rocambole' im Saatguthandel. Übrigens bilden sich an den Blüten, die im Sommer erscheinen, kleine Brutzwiebeln, die man wiederum stecken kann. Es braucht aber zwei Jahre, bis sich daraus „richtiger Knoblauch" entwickelt hat. Schneller ist der Schnittknoblauch, von dem man die Blätter erntet.

KLICK MAL DA!

UNTER WWW.KURIOSITAETENLADEN.COM FINDET MAN NICHT NUR PFIFFIGE KNOBLAUCHREZEPTE (EINFACH UNTER „SUCHEN" EINGEBEN), SONDERN AUCH EINE MENGE ANDERE LECKEREIEN ZUM NACHKOCHEN. AUSSERDEM: INFOS ZU GEMÜSE, OBST UND CO., SLOWFOOD, SAISONAL EINKAUFEN UND VIELES MEHR.

PERFEKTE PORREE-PFLÄNZCHEN

SETZLINGE KAUFEN (ODER
SELBER VORZIEHEN) UND
VORSICHTIG AUSEINANDERZIEHEN.

DAS GRÜN OBEN MIT EINER
SCHERE UM ETWA DREI
ZENTIMETER EINKÜRZEN.

UND AUCH DIE WURZELN
HALBIEREN, SO WACHSEN
DIE SETZLINGE BESSER AN.

Schicke Krägen
gleich beim Pflan-
zen überstülpen.

Von Sommer bis Winter: Wann man Porree oder Lauch erntet, hängt – richtig geraten! – davon ab, wann er gepflanzt wurde. Für jede Jahreszeit gibt es geeignete Sorten. Aber optisch gibt es kaum einen Unterschied, außer, dass Winter-Porree dunkler gefärbt ist und etwas kompakter wächst als die Sommersorten. Da es also keine großen optischen Varianten gibt, kann man sich das Aussäen – und damit viel Zeit – eigentlich sparen und sich gleich die beim Gärtner bereitstehenden Setzlinge holen.

In Reih und Glied setzt man die Jungpflanzen am besten mit etwa 15 cm Abstand (Reihen mit 40 cm). Wer sich dann, außer Gießen und Jäten, nicht weiter um seinen Porree kümmert, wird sich wundern: Die Stängel werden nämlich nicht so schön weiß und zart wie bei Exemplaren aus dem Supermarkt. Das erreicht man z.B. durch das Überstülpen von Papprollen oder durch regelmäßiges Hacken und Anhäufeln (> Seite 43). Oder man pflanzt jeden Setzling in ein gut 15 cm tiefes Loch. Einem Problem sollte man ins Auge sehen: der Lauchfliege. Damit die Fliege ihre Eier nicht an den Pflanzen ablegen kann, sollte man ab Ende April ein feinmaschiges Kulturschutznetz über den Pflanzen ausbreiten. Helfen soll auch die Mischkultur (> Seite 86) mit Möhren und Ringelblumen.

LAUCHZWIEBELN SIND SO EINE ART MISCHUNG AUS LAUCH UND ZWIEBELN. AUSGESÄT WIRD IM MÄRZ/ APRIL, EINIGE SORTEN BIS JULI. MAN ISST SOWOHL DIE BLÄTTER ALS AUCH DEN LEICHT VERDICKTEN SCHAFT AN DER BASIS. DER MUSS NICHT IMMER WEISS SEIN – BEI DEN SORTEN 'ROTE VON FLORENZ' UND 'LILIA' LEUCHTET ER IN AUFFÄLLIGEM ROT.

Schnittlauch & Bärlauch, das sind die beiden, bei denen die Würze in den Blättern steckt. Während man jedoch den **Schnittlauch** fast ganzjährig ernten kann, hat **Bärlauch** nur kurz im Frühling Saison. Selber ziehen kann man sie beide, im Topf oder im Garten. Einfach einpflanzen und gießen!

Mach's einfach!

Ganz schön schneidig sieht er aus, der Schnittlauch – ob im Topf oder im Beet. Zur Ernte schnippelt man ihn bodennah ab, damit immer wieder frische Stängel austreiben. Blühende Stängel sind zum Verzehren weniger geeignet, weil sie härter sind. Dafür schmecken die Blüten selbst oder machen sich gut in der Vase!

Frisches Bärlauchpesto

Geht auch mit Basilikum, Rukola und und und ...

Das braucht man: 80 g frische Bärlauch-blätter | 150 ml Olivenöl | 100 g Pinienkerne (oder Nüsse wie Mandeln oder Walnüsse) | Salz, Pfeffer | 100 g Parmesan, grob gehobelt

So wird's gemacht: Die Bärlauchblätter waschen, in grobe Stücke rupfen und in ein hohes, schmales Gefäß geben (passend zum Stabmixer). Olivenöl dazugeben sowie die Pinienkerne bzw. Nüsse. Salzen und pfeffern und alles mit dem Pürierstab zerkleinern. Erst zum Schluss den Parmesan untermixen. Schmeckt zu Pasta oder als Würze zum An-braten von Gemüse. Falls Sie statt Bärlauch Basilikum oder Rukola verwenden, geben Sie noch Knoblauchzehen zu. Gut zum Einfrieren!

VORSICHT: BÄRLAUCH NEIGT IM GARTEN ZU RASANTEM AUSBREITEN! LIEBER IN EINEN GROSSEN TOPF ODER KASTEN SETZEN. DAS MEISTE AROMA HAT ER BEVOR DIE BLÜTEN AUSTREIBEN. NACH DER BLÜTE IST VON DER PFLANZE OBERIRDISCH AUCH NIX MEHR ZU SEHEN – BIS ZUM NÄCHSTEN FRÜHLING. DIE ALTERNATIVE: BLÄTTER IM WALD PFLÜCKEN!

Ich pflück
mal eben
ein Tässchen
Tee!

TEATime

→ <u>1:0 für Kräuterhexen!</u> Denn welcher Kaffeetrinker kann schon im Garten oder auf dem Balkon mal eben die Bohnen für den morgendlichen Muntermacher pflücken? Allenfalls eine Alternative wie Löwenzahnwurzeln. Okay, für eine typisch britische Teatime braucht man Schwarztee – und den gibt's bei uns auch nicht gerade um die Ecke. Trotzdem: Als Teeschlürfer hat man so viele Alternativen, dass man sich oft gar nicht entscheiden kann: Soll's heute der herbe Salbei sein oder die fruchtige Zitronenverbene? Die erfrischende Minze oder der würzige Thymian? Weitere Infos gibt es auch in den Kapiteln „Feeling good" (> Seite 44) oder „Nasenkitzler" (> Seite 64).

Was soll rein in den Tee?
Obwohl man von den meisten Pflanzen die Blätter oder ganze Zweige zupft, muss es nicht immer nur das Kraut sein. Viele Blüten, Wurzeln, Samen und sogar Früchte (> Seite 109) eignen sich genauso gut und machen die Mischung auch optisch zum Hingucker. Samen für den Tee nimmt man z.B. von Fenchel. Während man Blätter, Blüten und Zweige einfach so in den Topf oder die Tasse schmeißen kann, benutzt man für die feinen Samen lieber ein Tee-Ei oder packt sie in Teebeutel (> Seite 108). Braut man Tee aus Wurzeln, etwa von Beinwell oder Kalmus, sollte aber klar sein: Rodet man die Wurzel, ist auch die Pflanze dahin! Und generell gilt: Erkundigen Sie sich bitte vorher genau, was Sie da trinken wollen! Im Garten tummelt sich auch vieles, was ungenießbar oder gar giftig ist. Außerdem trifft für einige Kräuter zu, dass sie zwar guttun, aber nur in Maßen und nicht jeden Tag!

Die seh'n ja gut aus!
Es gibt Teepflanzen, die so toll blühen, dass man sie nur zu gern anbauen will. Der Echte Salbei (*Salvia officinalis*) etwa, vor allem die Sorte 'Berggarten', Zistrose (*Cistus incanus* ssp. *tauricus*), Limonen-Ysop (*Agastache mexicana*) oder Indianernessel. Die Scharlach-Indianernessel (*Monarda didyma*) wartet sogar mit Bergamotte-Aroma auf.

Drinnen oder draußen?
Es gibt eine Menge wenig und wohlbekannte Teepflanzen. Viele wachsen problemlos das ganze Jahr über draußen. Dazu gehören z.B. Minze, Salbei oder Zitronenmelisse. Andere dagegen sind langlebig, frösteln aber schnell. Die sollten im Spätherbst ins Warme. Als Zimmerpflanze ist z.B. Kardamom sehr hübsch, seine Blätter wiederum geben dem Tee eine zimtige Note. Auch die Zitronenverbene braucht über Winter ein eisfreies Plätzchen. Andere Arten sind von Natur aus kurzlebig und man muss sie jedes Jahr neu säen (oder kaufen), wie Gewürztagetes oder Basilikum. Moment mal, Basilikum im Tee? Nicht jedes, aber sehr lecker ist 'Dark Opal'!

> BLÜTENPRACHT IM TEEPOTT: AUS GEKAUFTEN MISCHUNGEN KENNT MAN RINGEL- ODER KORNBLUME, ROSEN UND HIBISKUS. KANN MAN ALLE SELBST ANBAUEN – UND NOCH VIEL MEHR! SCHÖNE FARBTUPFER UND GESUND SIND Z.B. DIE BLÜTEN VON LAVENDEL ODER DUFTPELARGONIEN.

Fertig machen zum Abtauchen!

Ob im selbst gemachten **Teebeutel** oder direkt in der Kanne und der Tasse versenkt, ob **frisch oder getrocknet:** Das schmeckt himmlisch!

DIY

Das braucht man: Teefilter aus Papier (gibt's im Supermarkt oder in Drogerien), Schere, Nähgarn, Nähmaschine oder Nadel, lose Teemischung, buntes Garn, Tacker, bunte dünne Pappe, Stift

So wird's gemacht: Die Teefilter in die gewünschte Form schneiden (z.B. hier in Herzform). Rundum bis auf eine Öffnung oben zusammennähen. Den Tee einfüllen. Dann den oberen Rand schließen und ein Bändchen antackern. Aus Pappe ein Schild in gewünschter Form ausschneiden, beschriften und am Bändchen festnähen. Alternative (Abb. o. re.): Teefilter füllen, oben mit einem hübschen Garn verschnüren und Schild dran befestigen.

Lust auf ein Tässchen? Ideal für die Tee-Ernte ist übrigens der späte Vormittag, wenn die Pflanzen schön abgetrocknet sind. Wie der Tee wirkt – beispielsweise anregend oder beruhigend, heilend oder durstlöschend – hängt vom Kraut ab und davon, wie lange Sie es ziehen lassen. Generell brauchen Kräutermischungen etwa fünf Minuten Wirkzeit.

Einfach mal hängen lassen. Kräuter zu trocknen ist eine super Methode, um auch im Winter gut versorgt zu sein. Am einfachsten geht das so: Ein paar Zweige von Zitronenmelisse, Zitronenverbene oder Rosmarin (zum Trocknen nicht mischen) in Bündel zusammenfassen und an einem trockenen, schattigen und luftigen Platz kopfüber aufhängen.

Selbst gemachter Früchtetee ist besonders lecker. Äpfel, Birnen und Co. müssen aber zuvor auf jeden Fall getrocknet werden, so werden sie haltbar und schmecken besonders intensiv. Bei Kernobst entfernt man das Kerngehäuse und schneidet es in dünne Scheiben oder kleine Stücke. Diese legt man (mit Abstand) auf Küchenpapier, Backpapier oder Gaze an einem trockenen, warmen und luftigen Platz aus und wartet – bis sie wirklich trocken sind, kann es zwei bis vier Wochen dauern. Genauso können Sie auch mit weichen Früchten wie Erdbeeren oder Wildobst wie Holunderbeeren verfahren! Die Alternative: sich einen Dörrapparat anschaffen oder die Restwärme im Ofen nutzen, etwa nach dem Kuchenbacken. Und: Auch das Trocknen von Küchenresten, wie Apfelschalen, lohnt!

Mach's einfach!

Wenn Sie frische Kräuter oder Blüten überbrühen, brauchen Sie etwas mehr davon in der Tasse – etwa fünf Blätter oder einen daumenlangen Zweig. Denn: Die Pflanzen enthalten noch Wasser. Voll konzentriert sind die Aromen in getrockneten Kräutern.

DIE RIECHT JA NACH ...

Lernen Sie hier die wichtigste Teepflanze, die Minze, mal von ihren fruchtigen Seiten kennen:

... Schokolade!
Ist wie an „After Eight" zu schnuppern – sehr lecker in allem, was süß ist, natürlich im Tee, aber auch in Salaten.

... Banane!
Schmeckt auch sehr lecker im Obstsalat. Wächst für eine Minze sehr zurückhaltend.

... Ananas!
Sieht auch noch hübsch aus, mit ihren weiß gerandeten Blättern. Im Wuchs bleibt sie ziemlich kompakt.

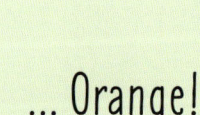

... Erdbeere!
Die Blätter sind natürlich auch super für Desserts. Gut für „Kleingärtner": Die Pflanzen bleiben sehr zierlich und kleinwüchsig.

... Apfel!
Aber nur ganz schwach; es dominiert eine süße Würze. Dafür ist die Pflanze umso stärker, sprich: wüchsiger.

... Orange!
Minze ohne Mentholaroma, dafür mit Bergamotteorangenduft. Sie ist die ideale Dessertminze.

Wildes vom Weg

Im Garten ein Unkraut entdeckt? Jetzt mal langsam – vielleicht ist es ja doch ganz nützlich! Zum Beispiel eine Brennnessel: Statt „Ausrupfen!" könnte man auch daran denken, dass es Menschen gibt, die das getrocknete Kraut extra kaufen, um es als Tee zu trinken. Das gilt auch für viele Wildpflanzen am Wegesrand wie Holunder, Kamille oder Brombeeren. Der Wegesrand sollte aber nicht gerade eine Autobahn oder eine andere vielbefahrene Straße sein. Passen Sie auch auf, dass an der Stelle nicht mit Gift gespritzt wird.

Ins kalte Wasser springen Kräuter wie Minze und Zitronenmelisse, Holunder- und Rosenblüten oder frisch gepflückte Himbeeren und Äpfel (in Scheiben geschnitten) übrigens mindestens ebenso gern – das schnell gemachte Erfrischungsgetränk sollten Sie sich im Sommer nicht entgehen lassen! Und wem es nicht süß genug ist, der gibt – auch im heißen Tee – ein Blättchen Stevia dazu.

Leckere Scones

Das braucht man: 300 g Mehl | 2 TL Backpulver | 1 Msp. Salz | 1 EL Zucker | 60 g Butter | 1 Ei | Milch

So wird's gemacht: Mehl mit Backpulver, Salz und Zucker mischen. Dann die Butter in Flöckchen zugeben. Das Ei mit etwas Milch verquirlen, zur Mehl-Masse geben und anschließend zum glatten Teig kneten. Mit dem Teigroller ausrollen (1,5 cm dick) und Kreise (Ø etwa 5 cm) ausstechen. Zwei Teigkreise aufeinandersetzen und 10 Min. bei 200 °C im Ofen backen. Die Scones serviert man klassisch mit Konfitüre und „Clotted Cream", ersatzweise mit Crème double.

1

2

3

4

Platz sparen muss heutzutage fast jeder, denn kaum einer hat einen **Riesengarten**. Da sind Ideen und Strategien gefragt, die **aus wenig viel machen!**

<u>Immer an der Wand entlang!</u> Stellen Sie sich vor, Sie wollen ein Gemüsegärtchen anlegen auf Ihrem Balkon – und der ist gerade mal ein paar Quadratmeter groß. Da passt nicht viel drauf. Nimmt man jedoch die Wand mit dazu, wird die Nutzfläche schon größer. Bringt man an deren zwei Seiten zusätzlich einen stabilen Sichtschutz an und hängt man an der Brüstung ein paar Kästen auf – Sie können es sich denken! Ach, und vielleicht haben Sie auch noch ein Dach über dem Freisitz ... An die Wand kommen aber nicht nur Regale wie früher im Wohnzimmer – das Thema „Vertical Garden" ist nämlich seit einigen Jahren in aller Munde. Und mit ihm eine ganze Reihe von unterschiedlichen Systemen, die es möglich machen, nicht nur Kletterpflanzen in der Senkrechten zu ziehen.

<u>Auf dem Boden bleiben!</u> Trotzdem ist und bleibt die begehbare Fläche der wichtigste „Stellplatz" für Pflanzen. Statt sie einfach nur nebeneinander aufzureihen, sollte man auch hier möglichst oft unter die Hochstapler gehen. Auch solche „Topftürme" gibt es im Handel. Man kann dabei aber genauso gut schön kreativ und erfinderisch werden! Schauen Sie mal, was sich zu Hause so angesammelt hat, z.B. Einkaufstüten, Kisten, und experimentieren Sie damit.

<u>Dünne machen.</u> Und, wenn wir schon am Rumprobieren sind: Bei Gemüse und Obst gibt es Sorten, die weniger Standfläche brauchen als andere. Säulenobst etwa, Kletterpflanzen (> Seite 74) oder Beeren-Hochstämmchen (> Seite 55).

1. Aufeinander abgestimmt: Die „Corsica"-Töpfe (von elho) kann man aufeinanderstapeln und stapeln und stapeln ... Die Elemente bestehen aus drei Töpfen (40 x 41 cm), sie sind sehr standfest.

2. Das kommt in die Tüte: Die eignet sich nämlich nicht nur zum Einkaufen, sondern auch zum Bepflanzen. Die Griffe dienen als Aufhänger. Wichtig: Am Boden müssen Abzugslöcher rein!

3. Platz gewinnen: Mit Hochbeeten kann man auch Flächen nutzen, die sich eigentlich nicht bepflanzen lassen, weil der Boden zu schlecht ist.

4. Da ist noch was frei: Rollen unter den Pflanzkasten schrauben und schon kann man ihn bei Bedarf mal eben unterm Esstisch verstecken.

5. Aus drei alten Emailleschüsseln wird ein dreistöckiger Kräutergarten: Löcher in die Böden und an drei Stellen am oberen Rand bohren. Dort die Ketten durchziehen, oben zusammenfassen.

6. Kartoffeln im Sack: Während der Kultur der Knollen wächst er problemlos mit, nach der Ernte macht er sich ganz schnell ganz flach.

7. Pflanztaschen kann man fertig kaufen und selber nähen (z.B. aus einer alten Jeans). Oder man zweckentfremdet einen Schuhhänger dafür. Auch hier gilt: Jedes „Töpfchen" braucht Abzugslöcher!

8. Schräg drauf: Ein „normales" Regal hat jeder, aber warum nicht mal die Bretter schräg an die Wand bringen. Aber nicht übertreiben ...

BEZUGSQUELLEN

Die meisten Produkte sind im Garten-fachhandel, im Baustoffhandel, in Bastelgeschäften, Möbelhäusern oder Einrichtungsläden erhältlich. Pflanzen kaufen Sie am besten in Baumschulen, Gärtnereien und Gartencentern. Unter den genannten Internetadressen finden Sie zudem allgemeine Informationen zu Produkten, Online-Shops oder Adressen von Händlern in Ihrer Nähe.

Interessante Blogs/Seiten

www.schneiderin.wordpress.com
www.dawanda.com
www.feelincrafty.wordpress.com
www.justsomethingimade.com
www.kuriositaetenladen.com
www.leelahloves.de
www.maggiewang.com
www.mimisladen/fraeuleinmimi.
blogspot.com
www.neukoelln-goes-country.
blogspot.de
www.pepperworld.de
www.pinterest.com
www.rosentraum.eu

URBAN GARDENING

www.ackerhelden.de
www.meine-ernte.de
www.o-pflanzt-is.de
www.prinzessinnengarten.net
www.selbstversorger.de
www.urbanorganicgardener.com

Pflanzen, Saatgut

Bingenheimer Saatgut AG
www.bingenheimersaatgut.de

Bioland Hof Jeebel
www.biogartenversand.de

Fesaja Versand
www.fesaja-versand.de

Gärtnerei Blu-Blumen
www.blu-blumen.de

Keimzeit Saatgut-Fachversand
www.keimzeit-saatgut.de

Kiepenkerl
www.kiepenkerl.com

CHILI

Chili Food
www.chili-shop24.de

René Kosikowski
www.hot-chili-shop.de

Semillas La Palma
www.semillas.de

KRÄUTER

Kräuter des Lebens
www.kraeuter-des-lebens.de

Rühlemann's Kräuter & Duftpflanzen
www.kraeuter-und-duftpflanzen.de

Syringa Duftpflanzen und Kräuter
www.syringa-pflanzen.de

OBST

Baumschule Eggert
www.Eggert-Baumschulen.de

Baumschule Horstmann
www.baumschule-horstmann.de

Häberli Obst- und Beerenpflanzen
www.haeberli-beeren.ch

Lubera AG
www.lubera.com

TOMATEN

Irinas Tomaten
www.Irinas-Tomaten.de

lilatomate Melanie Grabner
www.lilatomate.de

Heike und Reinhard Neumeier
www.tolletomaten.de

Diverses, Zubehör

Ing. G. Beckmann KG
www.beckmann-kg.de

Dehner GmbH & Co. KG
www.dehner.de

Design3000
www.design3000.de

Esschert Design, André Klemann HB
www.esschertdesign.de

GardenGirl Deutschland
www.gardengirl.de

Gärtner Pötschke
www.poetschke.de

Garten und Gabel
www.gartenundgabel.com

Green Rabbit
www.greenrabbit.co

Ikea
www.ikea.de

Kleines Schaf
www.kleines-schaf.com

Made in Design
www.madeindesign.de

Manufactum GmbH & Co. KG
www.manufactum.de

Edm. Romberg und Söhne
www.romberg.de

Dünger, Erden, Kompost, Pflanzenschutz

Compo GmbH & Co. KG
www.compo.de

BILDNACHWEIS

Floragard
www.floragard.de

Gloria Haus- und Gartengeräte GmbH
www.gloriagarten.de

Neudorff
www.neudorff.de

Pott Holding GmbH
www.bioduenger.de

Scotts Celaflor
www.celaflor.de

Windhager Home & Garden
www.windhager.eu

Wurmhandel
www.wurmhandel.de

Wurmwelten
www.wurmwelten.de

Gartengeräte

Felco
www.felco.de

Fiskars Germany GmbH
www.fiskars.de

Gardena
www.gardena.de

Wolf-Garten
www.wolf-garten.de

Gefäße

Bacsac
www.bacsac.com

elho
www.elho.nl

Emsa GmbH
www.emsa.de

Lechuza
www.lechuza.com

Scheurich GmbH & Co. KG
www.scheurich.de

Umschlagfotos: alle Shutterstock; **BAC-SAC:** 42-4; **Claudia Battisti/green-rabbit.co:** 66-3; **Bildagentur Online:** 97-8; **Bilderbox:** 15-3; **biogartenversand.de:** 39-2, 39-3, 39-4, 39-5, 39-6, 39-7, 39-8, 39-9, 39-10, 41-3; **Biosphoto/images.de:** 97-4, 103-1; **Blend/images.de:** 64-1; **Blu-Blumen:** 46-1; **Maria Bosin:** 9; **Design3000:** 88-2; **djabala/neukoelln-goes-country:** 20-1; **ELHO:** 112-1; **Erklärung von Bern/evb.ch:** 25-1; **Esschert Design/Garten-undgabel.com:** 75-3; **EyeUbiquitous/images.de:** 97-6; **F1online:** 46-4, 56-2, 63-6, 76-1, 82-4; **Feelincrafty.com:** 49-1, 49-2, 49-3, 49-4; **Feiertag/ethno-botanik.org:** 84-2, 84-3, 84-4, 84-6, 84-10, 84-13, 84-15; **Fesaja Versand:** 78-3; **Fillmann:** 23, 70, 93; **Flowers & Green:** 58-1; **Floragard:** 53-3; **Flora Press:** 2-1, 2-7, 2-8, 3-2, 3-3, 13-2, 15-2, 24-3, 27-2, 27-3, 27-7, 27-8, 30-3, 31-1, 36-1, 36-3, 36-4, 37-2, 37-3, 42-1, 43-2, 50-3, 60-1, 60-2, 61-1, 65-1, 65-2, 66-1, 66-2, 69-1, 71-2, 71-6, 71-7, 72-1, 73-1, 73-4, 74-2, 77-2, 77-3, 77-4, 92-2, 92-7, 94-1, 97-7, 106-3, 106-7, 107-1, 108-2, 110-1b, 110-2b, 110-5b, 110-6b, 113-1; **Food&Drink/images.de:** 97-3, 111-3; **Fotolia:** 2-9, 10-10, 12-3, 13-1, 26-2, 27-1, 35-3, 46-2, 52-3, 52-4, 53-2, 62-2, 63-1, 67-11, 76-3, 83-2, 84-1, 85-1, 85-2, 96-2, 97-1, 110-3b, 110-4b; **GAP Gardens:** 2-12, 3-1, 11-1, 11-5, 18-5, 21-1, 24-1, 27-4, 27-6, 31-3, 32-1, 32-2, 33-1, 34-1, 35-2, 36-2, 37-1, 52-1, 52-2, 53-1, 59-1, 59-2, 59-3, 68-1, 68-2, 68-3, 68-4, 69-2, 72-4, 73-2, 74-1, 74-3, 74-4, 74-5, 74-6, 74-7, 74-8, 78-1, 78-2, 79-1, 79-2, 79-3, 82-1, 82-2, 82-3, 89-1, 92-1, 92-3, 94-2, 97-2, 97-5, 100-1, 100-2, 100-3, 101-1, 102-1, 102-2, 102-3, 104-1, 106-2, 106-4, 106-5, 106-8, 109-1, 111-2, 112-4; **Tammo Ganders/meine-ernte.de:** 63-5, 63-7; **Das Gartenarchiv:** 10-11, 76-2; **Getty Images:** 30-2, 31-2, 35-1, 37-4, 46-3, 53-4, 72-2, 77-1, 83-3, 113-2; **Greenupgrader.com:** 113-4; **Esther Herr:** 2-11, 95-1, 95-2, 95-3, 102-4, 108-3; **Irinas-Tomaten.de:** 19-

2; **i-Stockphoto:** 7-2, 40-2, 57-4; **Jahreszeiten Verlag:** 29-1; **JUMP Foto:** 2-3, 28-1; **Stefanie Kaufmann/kauf-mann.com:** 22-3; **kleines-Schaf.com:** 13-4; **Kraeuter-Allgaeu.de/Kössel:** 48-3; **Saba Laudanna:** 63-8; **Mike Lieberman/urbanorganicgardener.com:** 21-2; **Mauritius Images:** 11-6, 12-1, 12-2, 12-5, 48-1, 48-2, 48-5, 48-6, 56-4, 81-1; **mimisladen:** 61-2; **MMGI/Marianne Majerus:** 24-2; **Okapia:** 63-2; **pak-choi.de/Frau-doktor:** 34-2; **Pasternak/leelahloves.de:** 108-1; **Pepperworld:** 84-5, 84-7, 84-8, 84-9, 84-11, 84-12, 84-14; **Photo Alto/images.de:** 30-1; **picturealliance/dpa:** 48-4; **Picture Press:** 33-2, 73-3; **Plainpicture:** 2-2, 2-4, 2-6, 2-10, 11-2, 11-3, 11-4, 14-1, 15-1, 22-5, 22-7, 22-8, 25-2, 26-1, 27-5, 38-1, 40-1, 41-1, 41-2, 41-5, 44-1, 44-2, 44-3, 45-2, 54-1, 55-1, 59-4, 62-1, 63-4, 65-3, 72-3, 83-1, 88-1, 92-5, 98-1, 104-2, 104-3, 106-1, 106-6; **Pott Holding GmbH:** 18-6; **Public Domain:** 113-3; **scx.hu/PIKU:** 16-1; **Shutterstock:** 2-5, 4, 8, 10-1, 10-2, 10-3, 10-5, 10-6, 10-7, 10-8, 12-4, 12-6, 18-1, 18-2, 18-3, 18-4, 20-3, 22-1, 22-2, 39-1, 41-4, 42-2, 42-3, 42-6a, 42-6b, 43-1, 45-1, 46-5, 46-6, 48-7, 56-1, 56-3, 56-5, 56-6, 56-7, 56-8, 56-9, 57-1, 57-2, 57-3, 57-5, 57-6, 57-7, 59-6, 63-3, 80-1, 80-2, 85-3, 90-1, 90-2, 90-3, 90-4, 91-1, 91-2, 91-3, 91-4, 92-4, 92-6, 92-8, 98-2, 99-2, 103-2, 110-1a, 110-2a, 110-3a, 110-4a, 110-5a, 110-6a; **Stock Food:** 19-1, 22-4, 32-3, 41-6, 47-1, 47-2, 67-1, 71-1, 71-3, 71-4, 71-5, 71-8, 74-4, 96-1, 99-1, 105-1, 105-2, 111-1, 112-3; **Stockagentur/Gerhard Leber:** 28-2; **Friedrich Strauss:** 55-2, 58-2, 59-5, 109-2, 109-3; **Elza van Swieten/The Netherlands:** 112-2; **Tolle Tomaten/Neumeier:** 17-1, 17-2, 17-3, 17-4, 17-5, 17-6, 17-7, 17-8, 23-1; **Vario Images:** 54-2; **Veer:** 5; **The Watercress Alliance:** 10-4; **Maggie Wang:** 20-2; **Westend61/Dieter Heinemann:** 29-2; **Windhager:** 75-1, 75-2; **Zoonar:** 13-3; **Markus Zuber/Kuettigen, CH:** 22-6. **Illustrationen:** Nathalie Ganteführ

REGISTER

Halbfett gesetzte Seitenzahlen verweisen
auf Abbildungen.

Anhäufeln   35, 43, 103
Apfel   45, **45**, 60
Apfelbeeren   46, **46**, 47, **47**
Aronia   46, **46**
Aroniabeerensaft   47, **47**
Aussaat   36, **36**, 37, **37**

Bärlauch   105, **105**
-pesto   105, **105**
Bacopa monnieri   **48**, 49
Basilikum   67, **67**
Bastelanleitungen
– Gefilzte Salatköpfe   9, **9**
– Häkelfrüchte   61, **61**
– Kartoffelstempel   40, **40**
– Rankgitter, Kleiderbügel-   77, **77**
– Saatband, Self-made-   95, **95**
– Samentütchen   20, **20**
– Stoff-Memory   49, **49**
– Teebeutel nähen   109, **109**
Beeren   **54**, 55, **55**, 56, **56**
-hochstamm   55, **55**
-konfitüre   59, **59**
-smoothie   55, **55**
– Standort   55
Befestigungsmaterial   75, **75**
Bewässerungshelfer   **72**
Birne   **61**
Blumenkohl   32, **32**
Bohnen   **74**, 79, **79**
Brahmi (Fettblatt)   **48**, 49
Brokkoli   32, **32**
Brombeeren   57, **57**

Chili   80 ff., **80 ff.**
– anbauen   82
– Königsblüte   83, **83**
-öl   **85**

– pflegen   80
– Saatgut   80
– Schärfegrad   84
-sorten   84, **84**
– Standort   80
– trocknen   83, **83**

Dill   67, **67**
Düngen   72, **72**, 73, **73**
– Flüssigdünger   73, **73**
– mineralischer Dünger   72
– organischer Dünger   72, **73**

Eisbergsalat   12, **12**
Endivie   12, **12**
Erbsen   78, **78**
Erdbeeren   57, **57** 58, 59, **59**
-sorten   59
– vermehren
Erdsack   **24, 53**
Erdsieb   36, **36**
Essbare Blüten   **11**, 107, **107**
Estragon   67, **67**
Etikett   **22**, 23, 36, **36**, **97**

Feigen   57, **57**

Gefäße 15, **15**, 21, **21**, 26, **27**, 42, 43, 52, 53,
53, **65**, 66, **66**, **97**, **112**, **113**
– Balkonkasten   **27, 66**
– Blumenampel   **27, 66**, 113
– Pflanzsack   **15, 27, 42, 113**
– Pflanztasche   **27, 113**
– stapelbare   **112**
Gesundheitsfördernde Pflanzen 44 ff., **44 ff.**
– Anthocyane   44, 93
– Anti-aging-Pflanzen   46, **46**, 50
– Badekräuter   51
– Badesalz   51
– gedächtnisfördernde Pflanzen   **48**, 49
– Räuchern   51

– Rote Früchte und Gemüse   44
– Seife herstellen   51
– stressmindernde Pflanzen   50
– verjüngend wirkend   46, **46**
Gießen   72, **72**, 73, **73**, 76
Goji-Beeren   46, **46**
Grünkohl   30, **30**
Gurken   76, **76**, 77

Heidelbeeren   **44**, 57, **57**
Himbeeren   57, **57**, 58, **58**, 86, 87
Hochbeet   **26, 33, 53, 112**

Inkagurke   78, **78**

Jiaogulan   46, **46**
Johannisbeeren   55, 56, **56**
Jostabeeren   56, **56**

Kaltwasserauszug   72, 73, **73**
Kamille   50, **50**
Kapuzinerkresse   **65**
Karotte   49, 88, 91, **91**
Kartoffel   38 ff., **38 ff.**
– anbauen   39, **39**, 42, 43
– anhäufeln   43
-arten   39
-blüte   41, **41**
-chips   **41**
– ernten   40, **40**, 41, 43
-käfer   42, **42**
– lagern   41, **41**
–, Pell-   **41**
–, Saat-   **42**, 43
-sorten   38, **38**
–, Süß-   43, **43**
– verarbeiten   41, **41**
Keimgläser   13, **13**
Keimlinge   13, **13**
Kerbel   67, **67**
Kiwi   56, **56**

Klettergemüse	74 ff., **74 ff.**
– anbinden	75, **75**
– Rankhilfe	**74**, 75, 77, **77**
– Stangenbohnen-Tipi	75
Knoblauch	100, **100**, 101, **101**
Knollensellerie	91, **91**
Kohl	10, 28 ff., **28 ff.**
-arten	10, 30, **30**, 31, **31**
– anbauen	29, 35, **35**
– anhäufeln	35
– ernten	**34**
-fliege	33
-kragen	33, **33**, **93**
– Pflanzenstoffe	29
-rouladen	29, **29**
-weißling	33
Kohlrabi	**28**, 32, **32**
Kompost	72, 73, **73**
Koriander	67, **67**
Kraut der Unsterblichkeit	46, **46**
Kräuter	64 ff., **64 ff.**
-arten	67, **67**
-butter	70, **71**
-brühe	72, **72**
-cocktail	70, **71**, 111
-duftsäckchen	70, **71**
– ernten	70, **71**
–, einjährige	69
– im Topf	**65**, 66
-kaltwasserauszug	72, 73, **73**
-limonade	111
–, mehrjährige	69
-palette	66, **66**
– pflegen	69
-salz	70, **71**
– Standort	66
-strauß	70, **71**
– Tee-	107 ff., **107 ff.**
– teilen	69, **69**
– trocknen	70, **71**, 109, **109**
– schneiden	69, **69**

– vermehren	68, **68**, 69, **69**
–, Wild-	111
Kopfsalat	9, 12, **12**
Kresse	13, **13**
Kürbisse	79, **79**
Lauch (Porree)	102, **102**, 103, **103**
– anbauen	**102**, 103
– anhäufeln	103
-fliege	103
-zwiebeln	103, **103**
Lavendel	50, **51**, **65**, 69, **69**
Lorbeer	67, **67**
Mairübchen	90, **90**
Markiersaat	95
Melonen	79, **79**
Mietgärten	62
Minze	67, **67**, 110, **110**
Mischkultur	86, 87, **87**
Möhre	49, **88**, 91, **91**
– Möhrenmuffin	93, **92**
Noni-Früchte	46, **46**
Nüsse	44, **44**
Obst	54 ff., **54 ff.**
-bäume	60, **61**
-bäume schneiden	60, 61
– Säulenobst	60, 61
– Spalierobst	60, **60**
– Zwergbäume	60, 61, **61**
Oregano	67, **67**
Pak Choi	34, **34**
Pastinake	90, **90**
Perilla (Shiso)	49
Petersilie	67, **67**
Petersilienwurzel	91, **91**
Pflanzen	52, **52**, 53, **53**
– im Beet	**53**

– im Topf	52, **52**
– Jungpflanzen	52, **52**, 53
– Obstgehölze	52
Pflanzenstoffe	29, 44, 49
Pflege	86, **86**, 87, **87**
– anbinden	75, **75**, 87, **87**
– Boden lockern	86, 87, **87**
– hacken	86, 87, **87**
– Pflanzen schneiden	86, **86**, 87
– Schutzvlies	**86**, 87, 95
– Unkraut entfernen	86, **86**, 87
Pflücksalat	9
Physalis	56, **56**
Pikieren	11, 36, 82, **82**, 93
Platz sparen	112, **112**, 113, **113**
Punarnava	46, **46**
Radicchio	12, **12**
Radieschen	90, **90**, **92**, 93, 94, **94**
Rankhilfe	**74**, 75, 77, **77**
Rettich	90, **90**
Rezepte	101
– Aroniabeerensaft	47, **47**
– Bärlauchpesto, Frisches	105, **105**
– Beerenkonfitüre	59, **59**
– Beerensmoothie	55, **55**
– Chicken Curry	85, **85**
– Kohlrouladen	29, **29**
– Muffin, Möhren-	93, **92**
– Muffin, Schoko-	59, **59**
– Scones, Leckere	111, **111**
– Tomaten-Pizza	19, **19**
– Tomatenrelish	23, **22**
– Zwiebelkuchen	99, **99**
Romanasalat	12, **12**
Rosenkohl	31, **31**
Rosmarin	67, **67**, 68, 69
Rotkohl	31, **31**
Rote Bete	10, 89, 91, **91**, **92**, 93

REGISTER

Saatgut 19, 80
Salat 8 ff., **8 ff.**
– aussäen 9, 11
– ernten 11, **11, 14**
– jung ernten 10, **10**
– Standort 10
Salbei 49, 67, **67**
Sambucus nigra **48,** 49
Schädlinge 33, 95, 103
Schisandra chinensis **48,** 49
Schnecken 15, **15**
Schnittlauch 104, **104**
Schnittsalat 9
Schutzvlies, -netz 33, **33, 86,** 87, 95
Schwarzer Holunder **48,** 49
Setzlinge **102,** 35
Spaltkörbchen **48,** 49
Spitzkohl **28,** 30, **30**
Sprossen 13, **13**
Stachelbeeren 55, **55,** 56, **56**
Stecklingsvermehrung 68, **68**

Tee 106 ff., **106 ff**
–, Blüten- 107
–, Früchte- 109
– zubereiten 109, **109**
Teekräuter 106 ff., **106 ff.**
-arten 107
– Fruchtminze 110, **110**
– pflanzen 107
– trocknen 109, **109**
– Wildkräuter 111
Thymian 67, **67**
Tomaten 16 ff., **16 ff.**
– anbauen 16, 18, **18,** 21, 24, **24**
-arten 16
– auf dem Balkon 21
– ausgeizen 24, **24**
– aussäen 24, **24**
– düngen 25
– gießen **24,** 25

–, grüne 23, **23**
– Kraut- und Braunfäule 25
-Pizza 19, **19**
– pflanzen 16
– pflegen **24,** 25
-relish 23, **22**
-samen sammeln **22,** 23,
-sorten 16, **17,** 19
– trocknen **22, 23**
– Saatgut 19
– Standort 21

Upcycling 96, **96,** 97, **97**
Urban gardening 26, **26,** 27, **27**

Vereinzeln 11, 36, 82, **82,** 93
Verjüngungskraut 46, **46**
Vermehren 36, 37, 68, **68,** 69
Vitamine 29, 40

Wasabi 85, **85**
Weißkohl 30, **30**
Wirsing 31, **31**
Wurzelgemüse 88 ff., **88 ff.**
– anbauen 89, **92,** 93, 94, **94,** 95
– ernten 95
– lagern 89
– schützen 95
– verzehren **92,** 93

Zucchini 78, **78**
Zwiebel 98 ff., **98 ff.**
– anbauen 99
-arten 99
– ernten 99
-kuchen 99, **99**
– trocknen 99, 100
-kuchen 99, **99**
–, Lauch- 103, **103**

LITERATUR

Bücher

Barlage, A., Goss, B., Schuster, Th.: **Quickfinder Gartenjahr.** Gräfe und Unzer Verlag, München

Busch, M.: **Mit Liebe selbstgemacht.** Dort-Hagenhausen-Verlag, München

Erhorn, H.: **Naturhäkeleien.** BLV Verlag, München

Greiner, K., Weber, A.: **Kräuter.** Gräfe und Unzer Verlag, München

Haas, H.: **Pflanzenschnitt.** Gräfe und Unzer Verlag, München

Hudak, R.: **Küchengarten für Selbstversorger.** Gräfe und Unzer Verlag, München

Mayer, J.: **Gemüse biologisch anbauen.** Gräfe und Unzer Verlag, München

Schmidt, K.: **Geschenke aus dem Bauerngarten: Gartengenüsse lecker verpackt.** Frechverlag, Stuttgart

Wagner, J., Wendland, A., Liebreich, K.: **Mein Selbstversorger-Garten Monat für Monat.** BLV Verlag, München

Whittingham, J.: **Gemüse selbst anbauen.** Dorling Kindersley Verlag, München

Zeitschriften

Garten Flora. Deutscher Bauernverlag, Berlin

Gartenspaß, Lisa Blumen & Pflanzen, Mein schöner Garten. Burda Medien Park Verlage, Offenburg

Grün, Gärtnern leicht gemacht (plus Sonderhefte). Living & More Verlag, Augsburg/Köln

Kraut & Rüben. Deutscher Landwirtschaftsverlag, München

Die werden Sie auch lieben.

DIE AUTORIN

Esther Herr ist gelernte Gärtnerin (Blumen & Zierpflanzen, Stauden) und Ingenieurin der Landespflege. Sie war viele Jahre lang als Zeitschriftenredakteurin beim Living & More Verlag tätig und betreute dort verschiedene Magazine zu den Themen Garten und Wohnen. Gärtnern, Basteln und Dekorieren sind auch privat ihre Leidenschaft. Im Garten, auf dem Balkon und in den eigenen vier Wänden probiert sie vieles selbst aus und gestaltet gerne um. Heute arbeitet sie als freie Garten- und Wohnredakteurin für Zeitschriften- und Buchverlage (www.schreibergarten.com). Sie ist z.B. Autorin der GU-Bücher „Mein Balkon", „Mein Garten" und „Mein grünes Zuhause".

WICHTIGE HINWEISE

Wenn Sie sich bei der Gartenarbeit verletzen, sollten Sie umgehend einen Arzt aufsuchen. Eventuell ist eine Tetanus-Impfung erforderlich. Gehen Sie beim Basteln und Handwerken vorsichtig mit den Materialien, Geräten und Werkzeugen um und beachten Sie immer genau die Gebrauchsanleitung. Die im Buch veröffentlichten Ratschläge und Ideen wurden von Verfasserin und Verlag mit größter Sorgfalt erarbeitet und geprüft. Eine Garantie kann jedoch nicht übernommen werden. Ebenso ist eine Haftung der Verfasserin bzw. des Verlages und seiner Beauftragten für Personen-, Sach- und Vermögensschäden ausgeschlossen.

IMPRESSUM

© 2014 GRÄFE UND UNZER VERLAG GmbH, München.

Projektleitung: Angelika Holdau
Lektorat: Schreibergarten Judith Starck
Bildredaktion: fotowork Oliver Pauli, Petra Ender (Cover)
Umschlaggestaltung: independent Medien-Design, Horst Moser, München
Layout: Visuelle Kommunikation, Claudia Fillmann, München
Grafik, Satz: Nathalie Ganteführ, Bühl
Herstellung: Petra Roth
Reproduktion: medienprinzen GmbH, München
Druck, Bindung: Firmengruppe APPL, aprinta druck, Wemding

ISBN 978-3-8338-3646-6
2. Auflage 2014

Umwelthinweis: Dieses Buch ist auf PEFC-zertifiziertem Papier aus nachhaltiger Waldwirtschaft gedruckt.

Liebe Leserin, lieber Leser,

haben wir Ihre Erwartungen erfüllt? Sind Sie mit diesem Buch zufrieden? Haben Sie weitere Fragen zu diesem Thema? Wir freuen uns auf Ihre Rückmeldung, auf Lob, Kritik und Anregungen, damit wir für Sie immer besser werden können.

GRÄFE UND UNZER Verlag
Leserservice
Postfach 86 03 13
81630 München
E-Mail:
leserservice@graefe-und-unzer.de

Telefon: 00800 / 72 37 33 33*
Telefax: 00800 / 50 12 05 44*
Mo–Do: 8.00–18.00 Uhr
Fr: 8.00–16.00 Uhr
(gebührenfrei in D, A, CH)*

Ihr GRÄFE UND UNZER Verlag
Der erste Ratgeberverlag – seit 1722.

GRÄFE UND UNZER

Ein Unternehmen der
GANSKE VERLAGSGRUPPE

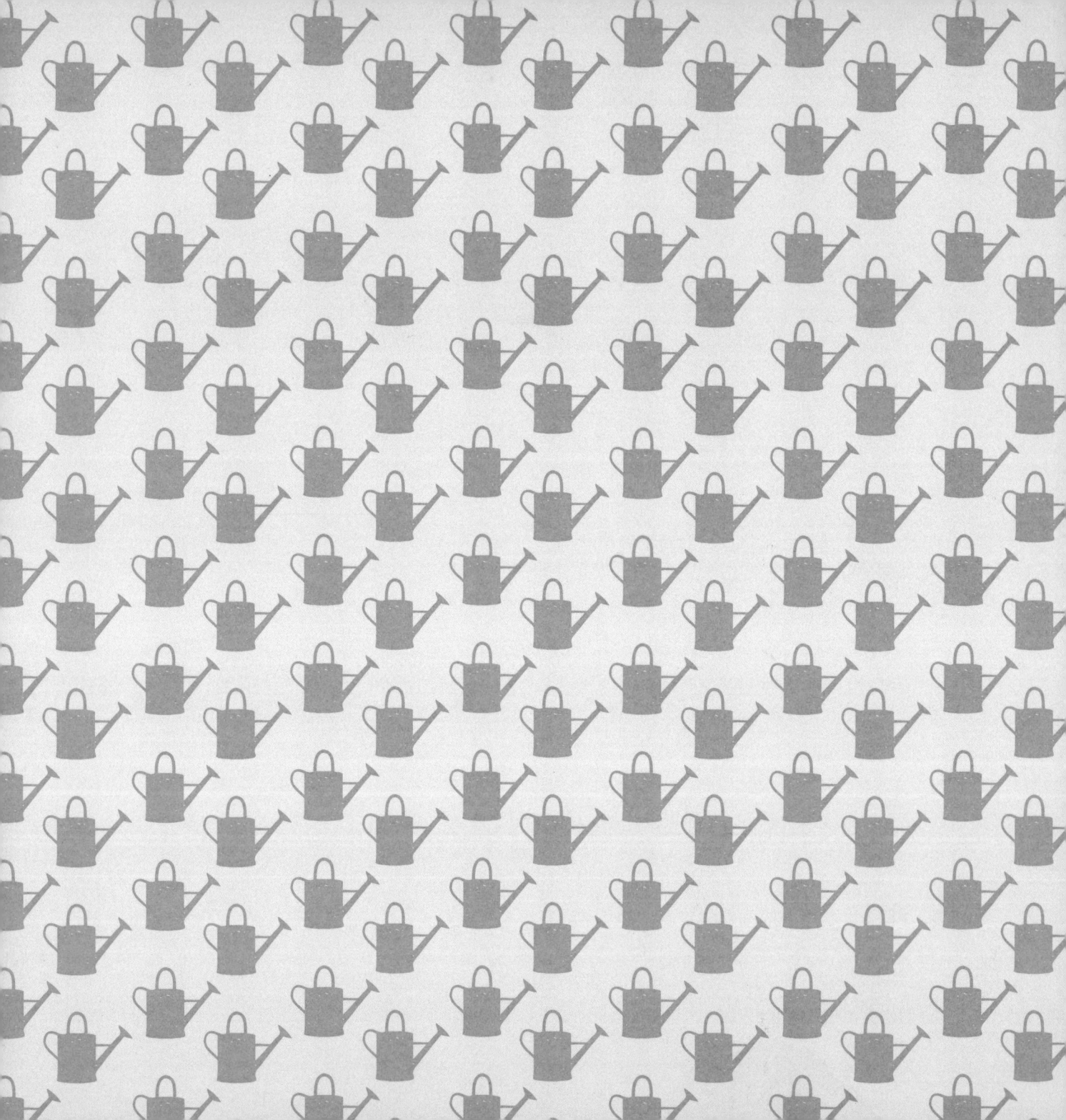